Frank Berger, Christian Setzepfandt

102 neue Unorte in Frankfurt

FRANK BERGER
CHRISTIAN SETZEPFANDT

102 NEUE UNORTE IN FRANKFURT

FORTSETZUNG
DES ERFOLGS-
TITELS

SOCIETÄTS
VERLAG

Bildnachweis:

Soweit nicht anders angegeben Frank Berger, Christian Setzepfandt

Seite 70 „Pavillon Heimat": Christian Schmidt, Oliver Donnerecker

Seite 69 „Pik Dame": Ulrich Mattner

Seite 162 „Kühhornshof": Wikipedia

Seite 186 „Künstler Zimmer": Prof. Klaus Jaeger, Filmtheaterbe-
triebe Frankfurt

© 2012 Frankfurter Societäts-Medien GmbH

Umschlaggestaltung: Nicole Ehrlich, Societäts-Verlag

Satz: Nicole Ehrlich, Societäts-Verlag

Druck und Verarbeitung: freiburger graphische betriebe

Printed in Germany 2012

ISBN 978-3-942921-41-1

Inhaltsverzeichnis

Unvermeidlich
Das Vorwort

Es geht weiter mit den Unorten. Ein zweiter Band also. Warum das? Ganz einfach: Die „101 Unorte in Frankfurt" haben erstaunlicherweise vielen Menschen gefallen. Dabei waren diese 101 Stellen gar nicht so besonders malerisch. Doch die lieben Leserinnen und Leser baten uns darum, mit weiteren „102 Unorten" herauszurücken. Kein Problem. Wir haben ja sonst nichts zu tun. Hier sind sie nun. Viel Spaß damit!

Noch zu viel bleibt unentdeckt, unsichtbar, unterschätzt, unbekannt, unsäglich, unglücklich und unglaublich. Auch diese zweite Kollektion der Unorte handelt von einem Frankfurt, das die Bürger, Einheimische wie Eingeplackte, so nicht kennen. Deshalb blieben wir beiden Freunde Frankfurts nicht untätig. Wir haben uns über weitere 102 Orte unserer kleinen Metropole verständigt und eine Anzahl erklärender Berichte dazu geschrieben. Jeder die Hälfte. Dazu ein schönes Foto. Das Ergebnis, unausgewogen und unverfroren, verantworten wir wieder gemeinsam. Für die Bilder gilt das Gleiche.

Die 102 Unorte verstehen sich, wie zuvor schon die 101 Unorte, als Anregung für Körper und Geist. Der geneigte Leser soll Neues über seine Heimatstadt erfahren. Und er soll die Orte suchen und sie sich selbst ansehen. Aus der Verbindung benachbart gelegener Unorte kann sich eine veritable Exkursion ergeben. Also, die Stadt ruft – zu einer Exkursion!

Unbeeinflussbar
Hans Giese

Westend, Hansaallee 7

Als Hans Giese 1950 ein Schild an der Haustür der Hansaallee 7 für sein Institut für Sexualforschung anbrachte, war die Aufregung groß. Denn für die prüden Zeitgenossen der Nachkriegszeit konnte dies nur bedeuten, dass sich dahinter mindestens ein Bordell befand. Gieses Institut hatte damit allerdings nicht viel zu tun. Sein Institut war die erste Forschungseinrichtung, die sich nach dem Krieg in Deutschland mit der Sexualität wissenschaftlich auseinandersetzte.

Hans Giese wurde 1920 im Frankfurter Westend geboren. Gieses Vater war Rechts-, Kirchen- und Staatswissenschaftler und Professor an der Frankfurter Universität. Trotz seiner bekannten Homosexualität wurde er 1942 in die NSDAP aufgenommen. Er lernte den homosexuellen Schauspieler Gustaf Gründgens kennen und pflegte engere Verbindungen zu einigen Größen des Dritten Reichs.

Nach dem Krieg, am 1. November 1950, machte er eine erste Eingabe bei der Bonner Regierung zur teilweisen Abschaffung des § 175, der Sexualität zwischen Männern unter Strafe stellte.

Es ist Giese zu verdanken, dass die Sexualwissenschaft in Deutschland als eigenständige Fachrichtung innerhalb der Medizin anerkannt wurde. 1956 war Hans Giese wissenschaftlicher Berater am Film „Anders als Du und Ich (§175)" mit dem Regisseur Veit Harlan. Die Wiesbadener Freiwillige Filmselbstkontrolle hatte das Filmende neu drehen lassen, weil man eine zu positiv werbende Darstellung der Homosexualität befürchtete. Vor den Kinos wurde 1957 gegen den Film protestiert. Am 22. Juli 1970 verstarb Giese unter ungeklärten Umständen in Saint-Paul de Vence.

Unbehaart
Struwwelpeters Geburtshaus

2.

Innenstadt, Mainkai 2

Kurz vor Weihnachten 1844. Der Arzt Heinrich Hoffmann war Lehrer für Anatomie am Senckenbergischen Institut in der Bleichstaße, dem heutigen Bürgerhospital. Einmal pro Woche arbeitete er einen Tag gratis in der Armenklinik. Am Affenstein auf dem heutigen Universitätsgelände wurde auf seine Veranlassung eine moderne Anstalt für Geistes- und Epilepsiekranke erbaut, deren Direktor er wurde.

Hoffmann wohnte in der Stadt am Mainkai 2 hinter der Fahrtorwerft, direkt unterhalb der Alten Brücke. Zu Weihnachten suchte er in den Buchhandlungen ein passendes Bilderbuch für Carlchen, seinen dreijährigen Sohn, fand aber keines. So kaufte er nur ein leeres Schreibheft. Im kalten Dezember saß er dann in seiner Wohnung und zeichnete das Kinderbuch selbst. Das Carlchen hatte seine Freude an dem Buch.

Vor allem aber waren die Erwachsenen, die das Buch durchlasen, begeistert. Sie rieten zum Druck. Hoffmann blieb skeptisch, schließlich war er Arzt und kein Kinderschriftsteller. Doch schon 1845 erschien es unter dem Pseudonym „Reimerich Kinderlieb". Der Titel lautete zunächst „Lustige Geschichten und drollige Bilder für Kinder von 3-6 Jahren", ab der vierten Auflage hieß es dann „Der Struwwelpeter".

Das Buch wurde ein Weltbestseller. Bei Erscheinen betrug die Startauflage 3.000 Stück zu 48 Kreuzer; sie war nach wenigen Monaten ausverkauft. Bei den 5.000 Exemplaren der zweiten Auflage betrug der Preis schon 57 Kreuzer. Denn mehr als einen Gulden, darauf bestand der Autor, durfte das Buch nicht kosten.

Unbehagen
Das Klapperfeld

Innenstadt, Klapperfeldstraße

Das Klapperfeld war zu allen Zeiten eine der schaurigsten Ecken Frankfurts. Es war zunächst ein frei gebliebenes Wiesengelände am Rande der Stadterweiterung von 1333. Am Klapperfeld lag das große, 1495 errichtete Pestilenzhaus für die unheilbar Kranken. Wenn die Aussätzigen sich auf dem Feld bewegten, dann mussten sie klappern. Dies machten sie mit Geräten, die an Kastagnetten erinnern. Sie warnten damit die Gesunden vor ihrem Näherkommen. Aus Angst vor Ansteckungsgefahr durften sie nur mit Körben an langen Stangen betteln, in die die Gaben der Gesunden gelegt wurden.

In den neu erbauten Häusern am Klapperfeld wohnten später englische Flüchtlinge evangelischen Glaubens, die der Verfolgung durch Königin Maria („Bloody Mary") zu entgehen versuchten. Nach ihrer Rückkehr schenkten die Engländer der Stadt zum Dank ein kostbares silbernes Trinkgefäß. Auch der Garten des Stadtschultheißen Textor grenzte an das unbehagliche Areal.

Auf dem Klapperfeld ging im Jahre 1789 ein weißes Gespenst um. Es versetzte die halbe Stadt in Aufregung. Eine Abbildung des seltenen Passanten verkaufte der Buchhändler Weber für vier Kreuzer.

Auf dem Stadtplan von 1873 sehen wir die aktuelle Bebauung des Klapperfeldes. An der Ecke zur Hammelsgasse steht das städtische Arresthaus. Daraus entwickelte sich eine ganze strafjuristische Infrastruktur mit mehreren Gerichtsgebäuden und Gefängnis (102 Unorte, Nr. 91). Daneben gab es noch die städtischen Pferdestallungen und das Entbindungshaus. Der Rest des Feldes konnte noch als Bleichgarten genutzt werden.

Unbehandelt
NEFF-Hochhaus

4.

Innenstadt, Fahrgasse 26

Die Frankfurter sind Himmelstürmer gewohnt. Da fällt das NEFF-Hochhaus an der Fahrgasse 26 mit seinen zehn Stockwerken heute kaum auf. Dennoch ist es als eines der ersten Wohnhochhäuser nach dem Krieg ein bemerkenswertes Gebäude. Es wurde von Johannes Krahn entworfen und 1955 gebaut. Von Krahn stammt auch das Bienenkorbhochhaus an der Konstablerwache. Mit seinen rund 30 Metern war das NEFF-Hochhaus das höchste Haus der „neuen Altstadt". Städtebaulich steht das Gebäude an einem interessanten Ort. Es steht zur Ost-West-Achse, der heutigen Berliner Straße und zur Fahrgasse, der nach dem Krieg ausgeweiteten wichtigen historischen Stadteinfahrt. Das Appartementhaus ist das Pendant zu einem Gebäude an der Alten Brücke zu Beginn der Fahrgasse.

Das Haus steht auf zierlichen Säulen, die einen Arkadenumgang bilden. Arkaden wie diese finden sich bei vielen Gebäuden der Aufbaujahre. Dahinter steht die Überlegung, den die Schaufenster betrachtenden Passanten einen Wetterschutz zu bieten. Leider sind diese Arkaden heute in keinem guten Zustand. Über dem Parterre befinden sich im ersten Obergeschoss große Fenster für Geschäfte, was dem Haus eine weitere Leichtigkeit verleiht. Ab dem zweiten Stockwerk wird gewohnt. Jeweils zwei Fenster befinden sich in einem Raster.

Ein besonders verspieltes Element der Fassade sind allerdings die zarten, geschwungenen Ziergitter unter jedem Fenster. Dies ist eine Reminiszenz an die Frankfurter Altstadtbauten. Typisch auch für die Fünfziger Jahre ist das überkragende Dach. Ein bemerkenswertes Hochhaus, das in unbehandeltem Lindgrün den Aufbruch Frankfurts zur Moderne zeigt.

Unbehauen

Burg Bonames

Bonames, Am Burghof

Der Ort Bonames geht auf eine Raststation ("bona mansio") zurück. Dort befand sich um 1030 ein Hofgut im Besitz der Abtei Fulda. Später wurden Ritter "von Bonames" genannt, da sie dieses Gut verwalteten und wohl auch die Burg bewohnten. Um den Gutshof und die Niederungsburg herum entwickelte sich das Dorf. Die Ritter ließen eine städtische Wache in der Burg zu und verkauften 1367 die gesamte Liegenschaft an die Stadt Frankfurt.

Bonames war nun, wie auch Hausen, Dortelweil, Niedererlenbach und halb Niederursel, ein Dorf der Reichsstadt Frankfurt. Es wurde mit einer eigenen Befestigung ausgestattet. Deren Anlage erfolgte seit 1413 mit einer fünfeckigen Mauerumwehrung und unter Einbeziehung der Burganlage.

Die mehrstöckige steinerne Hauptburg war rings von einem Wassergraben umgeben. Diesen überspannte eine Holzbrücke, die zur Vorburg führte. In der Vorburg befanden sich Ställe, Scheunen und weitere kleine Gebäude. Das andere Tor der Vorburg führte hinaus in das Dorf. Archäologische Grabungen der Jahre 1997 und 2003 wiesen nach, dass die Kernburg aus zwei Rundtürmen von 5,40 m und 3,50 m Durchmesser bestand.

Der Schmalkaldische Krieg brachte die Zerstörung der Burg Bonames. Teile der Ruine dienten danach noch zu Wohnzwecken, brannten 1787 erneut ab und wurden später auf Abbruch versteigert. Im Gegensatz zur Dorfummauerung ist von der Burg Bonames nichts mehr zu sehen bis auf Markierungen im Pflaster des Burghofs. Eine Tiefgarage und die Wohnbebauung haben alle Reste beseitigt.

Unbehaust
Das Fettmilchplätzchen

Innenstadt, Töngesgasse/ Ecke Hasengasse

Unter Führung des Lebkuchenbäckers Vinzenz Fettmilch kam es seit den Krönungsfeierlichkeiten von Kaiser Matthias zu Unruhen unter der Bevölkerung, vor allem bei den Zünften, gegen den Rat der Stadt. Auf dem Höhepunkt der Auseinandersetzungen plünderten die Gesellen am 22. August 1614 die Judengasse. Die Juden waren das Feindbild der kleinen Leute und machten ihrer Meinung nach mit dem Rat gemeinsame Sache. Die Aufrührer erbeuteten Geld und Gegenstände im Wert von 170.000 Gulden. 1.380 Juden verließen die Stadt. Der Kaiser intervenierte und verhängte über die Rädelsführer die Reichsacht.

Die Juden kehrten zurück. Zum Zeichen des Schutzes wurde an den Toren der Judengasse das kaiserliche Wappen angebracht. Vinzenz Fettmilch wurde gefangen genommen und zum Tode verurteilt. Die Hinrichtung vollzog sich in Anwesenheit Tausender von Schaulustigen auf dem Rossmarkt in Form von Enthauptung. Der Kopf Fettmilchs rollte zu Boden. Vier weitere Männer wurden enthauptet. Ihre Köpfe spießte man, der Nachwelt zur Warnung, oben am Brückenturm auf.

Auch das Haus des Vinzenz Fettmilch in der Töngesgasse bekam die Höchststrafe. Es wurde abgerissen, und eine Schandsäule erklärte die leer bleibende Stelle des Hauses: „Daß dieser Platz bleibt oed und wüst, daran Vinzenz Fettmilch selbst schuldig ist." Diese Leerstelle hieß bald das „Fettmilchplätzchen".

Fettmilchs Grundstück wurde erst um 1870 wieder bebaut. Heute befindet sich an dieser Stelle eine Spielothek und das Geschäft „Wolle Rödel".

Unbeirrt
Tsunami im Vogelsaal

7.

Bockenheim, Senckenberganlage 25

Die Ursache für den verheerenden Tsunami vom 11. März 2011, einer Flutwelle, die fast 28.000 Menschen das Leben kostete und mittelfristig die deutschen Atomkraftwerke auslöschte, war die Friktion zweier tektonischer Platten der Erdkruste. Unser Wissen um die Verschiebung der Erdplatten ist genau 100 Jahre alt. Ihr Entdecker war der Meteorologe und Polarforscher Alfred Lothar Wegener (1880-1930), seinerzeit Privatdozent an der Universität Marburg.

Im Vogelsaal des Senckenbergmuseums hielt Wegener am Dreikönigstag 1912 einen Vortrag mit dem Titel „Die Herausbildung der Großformen der Erdrinde (Kontinente und Ozeane) auf geophysikalischer Grundlage". Die ausgestopften Vögel der Welt hörten zu, als Wegener ihnen seine weltbewegende These von der Bewegung der Welt in ihrem Saal stellte. Heute sind Wegeners Gedanken Bestandteil der Allgemeinbildung.

Die erste Idee zur Kontinentaldrift kam Wegener bei der Betrachtung einer Weltkarte. Ihm fiel auf, dass die gegenüberliegenden Küsten Brasiliens und Westafrikas puzzleartig aneinander passen. Er untersuchte die geologische Struktur beider Seiten und auch die passte zusammen. Beide Kontinente waren auseinandergedriftet, behauptete Wegener. Anfangs erntete er vernichtende Kritiken, doch er sollte recht behalten.

Eine zweite Karriere machte er als Polarforscher. 1930 starb er auf dem Inlandeis Grönlands und wurde im Eis bestattet. Bedingt durch die Eisdrift werden die sterblichen Überreste Wegeners an der Westküste Grönlands dereinst wieder zutage treten.

Unbelesen
Bücherverbrennung

Innenstadt, Römerberg

Auf dem Frankfurter Römer, etwa 30 m südlich des Justitia-brunnens, befindet sich auf dem Boden eine runde Bronze-scheibe. In der Umschrift steht nach Heinrich Heine 1820: „Das war ein Vorspiel nur, dort wo man Bücher verbrennt, ver-brennt man am Ende auch Menschen." Züngelnde Flammen bedecken drei aufgeschlagene Bücher mit den Namen ver-femter Dichter. Die Scheibe markiert die Stelle, wo am 10. Mai 1933 von den Mitgliedern der nationalsozialistischen Studen-tenschaft Bücher verbrannt wurden. Es war ein kühler, feuch-ter Tag. Die Bücher wollten nicht recht brennen, sodass immer wieder Petroleum nachgegossen werden musste.

Reichspropagandaminister Dr. Joseph Goebbels, selbst pro-movierter Germanist, hatte die Aktion befohlen. Die missbe-liebigen Bücher wurden in der Universitätsbibliothek ausge-sondert und auf zwei von Ochsen gezogenen Wagen geladen. Der unheimliche Zug ging unter Musikbegleitung durch das Westend auf den Römerberg. Vor 15.000 Schaulustigen hielt der evangelische Studentenpfarrer Otto Fricke die „Feuer-rede". Dann wurden die Bücher verbrannt.

Es gab Listen von über 130 Schriftstellern, Historikern, Philo-sophen und Staatsrechtlern, deren Werke vernichtet werden sollen. Betroffen waren Autoren, die als sozialistisch, pazifis-tisch oder expressionistisch-entartet galten, etwa: Erich Maria Remarque, Berthold Brecht, Ernst Toller, Walter Mehring, Karl Marx, Heinrich Mann, Thomas Mann, Bertha von Suttner, Ste-fan Zweig, Fritz von Unruh, Egon Erwin Kisch, Alfred Döblin und Franz Werfel.

Unbeleuchtet
Frauenpforte

Innenstadt, Mainkai

In Frankfurt gibt es verschiedene Reste der historischen Stadtbefestigungen. Den inneren Befestigungsring des 12. Jahrhunderts markiert die Staufermauer. Den zweiten Ring bilden verschiedene Reste der Fortifikationen des 14. bis 18. Jahrhunderts. Ein eher unscheinbarer, kleiner Torbogen ist die sogenannte Frauenpforte zwischen dem Untermainkai und der Alten Mainzer Gasse. Die spätgotische, 1456 gebaute Schlupfpforte gehört zur Stadtbefestigung des 15. Jahrhunderts.

In der Regel waren dunkle Pforten wie diese die Nacht über verschlossen. Allerdings gab es einige bewachte Orte, wo man gegen eine Bezahlung auch später in die Stadt gelangen konnte. Der Name des Tores kann verschiedene Hintergründe haben. So vermuten Wolff und Jung in den Frankfurter Baudenkmälern, dass der Name mit dem dort gelegenen Frauenhaus, ein Arbeitshaus für straffällige Frauen, zusammenhinge.

Eine weitere Erklärung ist das ehemals an der Weißfrauenstraße gelegene erste deutsche Kloster der „Reuerinnen", die nach ihrem Gewand Weißfrauen genannte wurden. Der von Papst Gregor IX. gegründete Orden wurde für die „Reuigen", das sind „gefallene Mädchen", also Prostituierte gewesen, die zur Buße bereit waren, gegründet. Das Kloster bestand hier von 1228 bis 1803. Die Lage des Klosters macht stadthistorisch auch deshalb Sinn, da sich in unmittelbarer Nähe das mittelalterliche Rotlichtviertel befand (102 Unorte, Nr. 58).

Unbeliebt
Das Selmihaus

Westend, Platz der Republik 6

Ein Hochhaus als Fackel. Das höchste Haus Europas stand in Flammen. Mitten in Frankfurt, am Platz der Republik. Datum: der 22. August 1973.

Nicht weit vom Studentenviertel. Diese waren durchaus begeistert und sangen fröhlich: „Jetzt verbrennen wir dem Selmi sein kleines Häuschen." Ali Selmi war ein persischer Geschäftsmann, der Bauherr und Freund des Schahs Reza Pahlevi. Er war Spekulant im Westend und bei den Linken nicht gerade beliebt.

Die Menge rief auch: „Bürger für Brand!" Der Slogan der SPD. Aber Willy konnte nichts dafür. Was war passiert? Etwa Brandstiftung?

Sicherlich nicht. Eigentlich nur ein defektes Schweißgerät. Daneben lag trockenes Schalholz. In 140 m Höhe. Der Baustoff entzündete sich. Es brannten die Stockwerke 39 bis 42. Ein Löschen war unmöglich. Die Höhe unerreichbar für die Feuerwehr.

Aber auch eigentlich nicht nötig. Das Holz verbrannte zu Rauch und Asche. Im Morgengrauen ging es aus. Keine Nahrung mehr. 200 Evakuierte, drei leicht verletzte Feuerwehrmänner und vier Millionen Mark Sachschaden.

Ali Selmi: „Kleiner Zwischenfall." Bauverzögerung nur sechs Monate. Eröffnung 1974. Die Architekten waren Johannes Krahn und Richard Heil. Zwei Jahre später erfolgte der Verkauf an die DG-Bank und 2008 der Umbau durch Christoph Mäckler. Heute wird das Selmihaus durch die DZ-Bank genutzt und ist längst nicht mehr das größte Gebäude Frankfurts.

Unbemerkt

Geld im Untergrund

Innenstadt, U-Bahn Station Römer

Die Wege hinab sind hier lang, aber nicht unangenehm. In der Zwischenebene erwartet die Fahrgäste ein kleines Lapidarium Frankfurter Bauskulptur. Der Untergrund zeigt die alten Steine der Stadt in einem nahezu musealen Umfeld.

Es geht tiefer hinab auf dem Bahnsteig der U-Bahn-Station „Römer" mit der U4 oder U5. Vielleicht geht es zum Bahnhof, nach Bornheim oder ins Nordend. Der Blick richtet sich zu Boden. Die großen, hellen Fliesen sind quer verlegt. Man hätte es sich da einfacher machen können. Die Fugen bestehen aus Messingleisten, sehr nobel. Als Schlussstein von je vier Platten fungieren schwere massive Messingzylinder von 10 cm Durchmesser. Darauf sind Adler zu erkennen, Frankfurter Adler naturgemäß, also die mit nur einem Kopf und der Königskrone. Wir analysieren die Adler, vom Entdeckertrieb gepackt. Es sind vier verschiedene Modelle.

Ein gotisches Rund mit innen liegendem Adler und der Umschrift „Tvronvs Franckefurt". Es ist das Bild einer städtisch-frankfurtischen Turnose, eine seit 1428 geprägte Groschenmünze. In späterer Zeit diente sie als Ratspräsenzzeichen. Die zweite Ausführung zeigt einen mageren, dünnen Adler. Es handelt sich um das höchste Nominal ihrer Zeit, einen Konventionstaler von 1793. Wir lesen darauf „Stadt Franckfurt". Die dritte Münze stammt nicht mehr aus der städtischen Prägeanstalt von Frankfurt, war aber hier im Umlauf. Ein deutsches 3-Mark-Stück mit dem preußisch-deutschen Kaiseradler, darüber die Hohenzollernkrone. Der vierte Adler ist unbekannter Herkunft. Ihn gab es auf keiner Münze.

Unbequem
Schönborn-Hof und Stoltze-Museum

Innenstadt, Töngesgasse 34-36

Selbstverständlich gibt es in Frankfurt ein Museum für den Mundartdichter und die journalistische Edelfeder Friedrich Stoltze (1816-1891). Es ist unbequem zu finden. Und so muss der Bewunderer des Satirikers durch ein versteckt liegendes, barockes Portal in einen kleinen Hinterhof gehen. Dann erst steht er vor einem Treppenturm aus der Zeit um 1600. Das Museum in diesem Treppenturm widmet sich dem literarischen und politischen Schaffen dieses kritischen Geistes aus Frankfurt, der die Frankfurter immer gern stichelte. Ein Beispiel: Als die Bürger sich bei der Einweihung der Frankfurter Oper darüber beschwerten, dass die Stühle zu eng und unbequem seien, dichtete Stoltze: „Es is net, dass die Leut zu dick sinn, die Stühl sind zu eng."

Das Museum befindet sich neben dem Rest eines kleinen Palais, dessen Bauherr Lothar Franz von Schönborn (1655-1729) ist. Der Schönborn-Hof wurde nach dem Christenbrand vom 26. Juni 1719 gebaut. Eine veränderte Bauverordnung erlaubte nun die Errichtung massiver Bauten, die im Gegensatz zu den Fachwerkhäusern brandsicher waren.

Die Familie Schönborn aus Aschaffenburg stellt bis heute zahlreiche Bischöfe. Lothar Franz, einer ihrer bedeutendsten Vertreter, war Bischof von Bamberg, Erzbischof und Kurfürst von Mainz und als solcher Erzkanzler des Reiches. In dieser Funktion krönte er Kaiser Karl VI. im Frankfurter Dom. Vom Dom, in dem die Krönungen stattfanden, bis zum Palais war es nicht weit. Auch die Zeil lag um die Ecke, wo zu dieser Zeit die großen Frankfurter Gasthäuser und weitere Stadtpaläste lagen.

33

Unbescheiden
Die Oberbürger-
meistervilla

Sachsenhausen, Nansenring 31

Das Liegenschaftsamt der Stadt Frankfurt bot im Jahr 2010 das Haus des ersten Bürgers von Frankfurt zum Kauf an, die Oberbürgermeistervilla am Nansenring 31 in Sachsenhausen. Oberbürgermeisterin Petra Roth wollte hier nicht wohnen und ihre Vorgänger auch nicht. Der einzige hier wohnende Oberbürgermeister war Willi Brundert, der 1965 hier einzog. Dann stand die Oberbürgermeistervilla leer und musste regulär vermietet werden.

Die imposante Liegenschaft besteht aus einem größeren umzäunten Garten und einem bungalowähnlichen Haus mit gewölbtem Schieferdach. Die unbescheidene Villa wurde 1959 erbaut und verfügt über eine Wohnfläche von 317 Quadratmetern. Diese unterteilen sich auf zehn Zimmer, darunter eine Bibliothek mit Holzvertäfelung, drei Gästetoiletten, Sauna und Bar im Keller. Den großen Empfangssaal im Parterre schmückt ein offener Kamin. Die Monatsmiete soll zuletzt um die 6.000 Euro betragen haben.

Dann wurde die Oberbürgermeistervilla zum Verkauf annonciert. Für zwei Millionen Euro war das Haus mit schönem Garten in, wie es hieß, bester Wohnlage, ein grünes Wohnen am Stadtrand, zu haben. Was der Verkäufer vergessen hatte mitzuteilen, war der unverbaubare Blick auf startende und landende Flugzeuge, feuchte Keller, mangelnder Wärmeschutz und ein verwilderter Garten. Der Kaufpreis halbierte sich, und dann kämen auch noch 800.000 Euro Sanierungskosten hinzu. Die neue Landebahn brachte neue Flugzeuge. Kurzum. Das edle Teil ist Schrott und abrissreif.

Unbeseelt
Weißfrauenplatz

14.

Innenstadt, Weißfrauenplatz

Es geht um einen Kandidaten für den hässlichsten Platz der Frankfurter Innenstadt. Dort, wo die Berliner Straße vierspurig unter die Erde geht, oben ein verlassener Bundesrechnungshof steht, finden wir eine Stelle in Frankfurt, die ebenso zentral wie schauderhaft ist. Natürlich war das nicht immer so, aber heute müssen wir diesen unbeseelten, üblen Ort moderner Stadtplanung leben.

Auf der Rückseite des Hotels „Frankfurter Hof" gibt es an der Straße einen platzähnlichen Einzug ohne Funktion. Er heißt „Weißfrauenplatz" und deutet auf eine historische Vergangenheit hin.

Das Weißfrauenkloster ist eine Stiftung Frankfurter Bürger aus dem Jahr 1228. Der Orden der Magdalenerinnen war erst 1224 in Worms gegründet worden. Die Klientel des Ordens war, wie vorher erwähnt, zunächst einmal bußfertige Prostituierte. Das Kloster lag am Frankfurter Rosental, dem bevorzugten Betätigungsfeld der Damen. Aber schon wenige Jahre nach der Gründung wurden auch unverheiratete Bürgertöchter ausgenommen, um deren Versorgung zu gewährleisten. Prominentestes Mitglied war Landgräfin Margarethe von Thüringen (1237-1270), die Tochter Kaiser Friedrichs II. Sie war vor ihrem gewalttätigen Gatten Landgraf Albrecht dem Entarteten weggelaufen.

Die Reformation machte dem Kloster den Garaus. Kurzzeitig durften hier von 1554 bis 1562 reformierte Wallonen ihrem Kult nachgehen. Obwohl die Kriegsschäden an dem Kirchenbau eher gering waren, wurden ihre Überreste 1952 zwecks Begradigung der Straßenbahn vollständig abgetragen. Übrig bleibt nur dieses merkwürdige Grundstück an der Berliner Straße.

Unbespielbar
Andi Möllers Heimat

Eschersheim, Eschersheimer Landstraße 328

Nur wenige Helden des Frankfurter Fußballs kommen aus Frankfurt: Richard Kress stammt aus Fulda, Bernd Hölzenbein aus Dehrn, Jürgen Grabowski aus Wiesbaden, Bernd Nickel aus Eisemroth und Richard Hermann aus Kattowitz. Echte Frankfurter sind Alfred Pfaff aus Rödelheim und Andi Möller aus Sossenheim.

Im Fan-Magazin „Schalke unser" beschrieb Möller 1990 den Ort seiner Kindheit: „Sossenheim ist die ‚Bronx', der letzte Ort mit Frankfurter Autokennzeichen, bevor es in die Taunus-Region geht. Es ist ein Arbeiter-Vorort, eine Satelliten-Stadt mit vielen Hochhäusern und vielen Nationalitäten. Ich habe in einem Hochhaus gewohnt, in dem der Aufzug meistens kaputt war, mit vielen Kindern und Jugendlichen und einem Bolzplatz. Heute stehen da übrigens Eigentumswohnungen. Alles hat sich damals um den Fußball gedreht. Wir haben uns die Tore noch selbst gebastelt. Ich bin froh, dass ich das erlebt habe. Zu diesen Jungs habe ich noch heute Kontakt. Wie telefonieren ab und zu. Da sind auch sehr viele Türken dabei."

Andreas Möller, 1967 geboren, begann im Alter von sieben Jahren mit dem Fußballspiel. Wir sehen den Achtjährigen in seiner Jugendmannschaft mit dem Trainer Klaus Gerster auf der Homepage seines ersten Fußballvereins. Das Bild stammt vom Rosegger-Sportplatz an der Eschersheimer Landstraße 328. Der „Rosegger" ist die Heimat des traditionsreichen Ball-Sportclubs (BSC) Schwarz-Weiß Frankfurt von 1919. Hier kickte Andi Möller in seiner Jugend, und hier erlernte er die Fähigkeiten eines Weltstars. Er wurde Deutscher Meister, Europameister, Weltmeister und ist jetzt eine Frankfurter Fußballlegende.

Unbewachsen
Das Grab im Wall

Innenstadt, Obermainanlage am Rechneiweiher

Nur dieser Frankfurter und von 1811 bis 1815 amtierende Bürgermeister genoss die Ehre, außerhalb des Friedhofs im Frankfurter Wallring bestattet zu werden. Wir finden die Grabplatte von Jakob Guiollett in der Obermainanlage am Rechneigrabenweiher. In der Taunusanlage huldigten ihm die dankbaren Frankfurter mit einem Denkmal. Eine zweite Platte zum Gedenken an einen Frankfurter Bürgermeister liegt in der Friedberger Anlage, wo Karl Konstanz Victor Fellner 1866 von den Preußen in den Tod getrieben wurde.

Jakob Guiollett stammte aus Aschaffenburg. Seit 1786 war er im mainzischen Staatsdienst, zuerst als Kameralassessor und später als Baudirektor. Für den neuen Herrscher Frankfurts, Fürstprimas Carl von Dalberg, entwickelte er 1806 ein Konzept zur Umnutzung der Stadtbefestigung. Die auf das Mittelalter zurückgehenden Festungswerke hatten keine militärische Funktion mehr.

Guiollett ließ den Frankfurter Festungsgürtel zu einem Erholungsgebiet und englischen Landschaftsgarten umbauen. In Zusammenarbeit mit Stadtgärtner Rinz entstanden 1806 bis 1812 die Bockenheimer, die Eschenheimer, die Friedberger, die Taunus-, die Gallus- und die Obermainanlage. Alle Befestigungen wurden abgebrochen, nur beim Eschenheimer Turm legte der französische Gesandte sein Veto ein. Er musste stehen bleiben.

Katharina Elisabeth Goethe war begeistert. Es befindet sich jetzt, so schrieb sie ihrem Sohn nach Weimar, „um die gantze Stadt ein Parck, man glaubt, es sey Feerrey".

Unbewohnt
Schloss Bockenheim

Bockenheim, Schloßstraße 24-26

Da Bockenheim eine Schloßstraße hat, gab es auch einmal ein Schloss. In dem Schloss wohnte eine richtige Prinzessin namens Henriette Amalie von Anhalt-Dessau (1720-1793). Das Schloss wurde 1944 zerstört. Der schöne zugehörige Park ist noch da. Er befindet sich zwischen den Hausnummern 24 und 26 der Schloßstraße. Nach einem späteren Besitzer wird der Park auch „Bernus-Park" genannt.

Es begann mit einem Fehltritt. Die ledige Prinzessin Henriette Amalie brachte 1742 ein männliches Kind zu Welt. Mutmaßlicher Vater war der Sohn des fürstlichen Hofjägers Werner, somit eine Mesalliance. Der Vater starb 1745 in der Schlacht von Kunersdorf. Das Kind kam zu Pflegeeltern nach Bockenheim, die Mutter wurde zunächst ins Kloster Herford gesteckt.

Immerhin bekam sie eine Rente von 10.000 Talern im Jahr, nicht wenig. Davon kaufte sie sich Land und Güter in Bockenheim. Nach 1753 erwarb sie dort das Landhaus des Bankiers Abraham Chiron und baute es zum Schloss aus. Die zweiflügelige Anlage hatte einen H-förmigen Grundriss, jeweils 13 Zimmer im Erdgeschoss und im Obergeschoss und ein Walmdach. Das Schloss umgab ein größerer Park. Henriette Amalie bewohnte das Schloss mit ihrem 15 Jahre jüngeren Geliebten. Offiziell galt er als ihr Sekretär.

In Bockenheim widmete sich die Prinzessin den schönen Dingen des Lebens. Sie sammelte Münzen, Gemälde, Konchylien, alte Bücher und Mineralien. Testamentarisch vermachte sie ihre Hinterlassenschaften der Amalienstiftung zur Unterstützung von Armen, Witwen und Waisen.

Unblutig
Brunnen am Schlachthof

Sachsenhausen, Deutschherrnufer

Frankfurts erster Schlachthof befand sich südlich des Frankfurter Doms am Mainufer gelegen. Dies war praktisch, denn zu den Schirnen der Metzger am Alten Markt war es nicht weit. Die Tiere konnten auch auf dem Schiff nach Frankfurt kommen und das Abwasser war schnell im Main verschwunden. Dieser erste Schlachthof stammt in den ältesten Teilen aus dem 13. Jahrhundert. Er wurde 1893 abgerissen. Übrig von ihm ist noch ein Teil einer Pferdefigur, der in der U-Bahn-Station Römer zu sehen ist.

Der neue Schlachthof von 1882-1885 wurde durch den Frankfurter Architekt Johann Justus Gustav Rügemer gegenüber in Sachsenhausen gebaut. Frankfurts Fleisch-, Gemüse- und Obstversorgung wurde mit der einige Jahre später erbauten Großmarkthalle im Osten der Stadt konzentriert. Die gegenüberliegenden Einrichtungen hatten unter dem Main eine gemeinsame Energieversorgung.

Der Schlachthof hatte sowohl die üblichen Ställe und Schlachthallen als auch eine Halle für Markt und Verkauf. Ein großer Saal diente als Börse, auf der Tiere und Fleisch gehandelt wurden. Der Schlachthof füllte fast das gesamte Gelände von 11,5 Hektar zwischen Deutschherrnufer und Gerbermühlstraße aus.

Nach langer politischer Auseinandersetzung wurde 1986 mit dem Bau eines kleineren „Kompakt-Schlachthofes" begonnen, der schon 1993 wieder abgerissen wurde. Heute ist hier das Deutschherrnviertel. Schlachthofviertel hätte sich wohl nicht gut angehört. An den Schlachthof erinnern heute nur noch, völlig unblutig, ein Brunnen an der Mainböschung und die Reihe „Jazz im Schlachthof" im Südbahnhof.

Unbürokratisch
Bürohaus Berliner Straße

Innenstadt, Berliner Straße 27

Ein Haus, das das Zeug zu einem Klassiker der Nachkriegsarchitektur Frankfurts hat, ist das Bürogebäude in der Berliner Straße 27. Sein Schöpfer ist Architekt Otto Apel (1906-1966). Nach seinem Studium in Berlin arbeitete er mit verschiedenen Architekten wie z.B. Albert Speer und Sep Ruf zusammen. 1953 eröffnete er sein eigenes Architekturbüro in Frankfurt, für das er 1955 das Haus in der Berliner Straße entwarf.

Das Gebäude scheint auf seinem Sockel zu schweben. Zierliche Säulen, die ihre Aufgabe, das Haus zu tragen, nahezu verleugnen. Hinter einer kleinen Arkade befinden sich die raumhohen Fenster, die dem Haus zusätzlich etwas Leichtes geben. Die Fassaden der darüber befindlichen Bürostockwerke sind ebenfalls vollflächig verglast.

Den Abschluss des Gebäudes bildet eine Art Penthouse, das von einer Wand umgeben ist, die nach Norden zur Straße einen großen rechteckigen Einschnitt hat. In der Tiefe sind dunkelblaue Fliesen zu erkennen. Dieser Dacheinschnitt ist eine Reminiszenz an die großartigen Architekturelemente von Le Corbusier. Das elegante Gebäude wurde gerade für die Zwecke des Börsenvereins des Deutschen Buchhandels denkmalgerecht saniert.

Otto Apel, dessen Werk für den Übergang von der NS-Architektur zur Moderne der 50er Jahre steht, hinterließ noch weitere bekannte Gebäude in Frankfurt: das Studierendenhaus in der Mertonstraße 28, das US-Generalkonsulat in der Siesmayerstraße, die (neue) Oper und das Hotel Intercontinental.

Unbußfertig
Der Frankfurter Galgen

Bahnhofsviertel, Bahnhofsplatz

Als noch die Staufenmauer die Stadt umschloss, stand der älteste Frankfurter Galgen vor der Katharinenpforte. Die Galgen standen immer außerhalb der Stadt, aber gut sichtbar an einer Zugangsstraße. Der wichtigste Frankfurter Galgen stand mitten im Bahnhofsviertel, wo heute die Taunusstraße in den Bahnhofsplatz mündet. Hier waren die Äcker und Wiesen des Galgenfeldes. Der Galgen war ein Gerüst aus vier Säulen auf quadratischem Steinsockel, die oben mit Längsbalken und Querbalken verbunden waren. Daran baumelten die Gehenkten, bis sie abfielen. Der Belagerungsplan der Stadt Frankfurt von Konrad Faber aus dem Jahr 1552 liefert ein gutes Bild von dieser großen Galgenanlage. Unweit davon lag die Schindkaut, wo der Schinder, der zugleich auch der Henker war, die Kadaver der ausgeweideten Tiere und die Leichen der Gehenkten vergrub.

Wer von Mainz nach Frankfurt wollte, ritt über das Galgenfeld in die Stadt hinein. An der Mauer passierte er das Galgentor, das schönste der Stadttore. Beehrte ein Kaiser die Stadt mit seiner Anwesenheit, dann wurden die Gehenkten von den Galgen entfernt. Ihr Anblick war wohl nicht sehr schön. Das einschlägige Stadtviertel trägt heute Namen, die sich vom Galgen ableiten: Gallusviertel, Galluswarte, Gallusanlage, Gallusstraße. Der Merianplan spricht noch von der „Galgenport".

Ein Orkan brachte den Galgen 1561 zum Einsturz. Eine weitere größere Reparatur war 1720 fällig. Der Geburtstag Napoleons machte dem Galgen 1806 ein Ende. Das Gallusfeld sollte Schauplatz dieses großen Freudenfestes mit anschließendem Feuerwerk sein. Der Galgen wollte dabei nicht so recht ins Bild passen; zudem hatten die Franzosen kürzlich „humanere" Tötungsmethoden erfunden.

Undatiert
Bonifatius am Riedberg

Kalbach, Bonifatiuspark

Der Heilige Bonifatius wurde 754 von Friesen, die sich der Missionierung widersetzten, erschlagen. Seine Leiche wurde per Schiff die Küste entlang und den Rhein aufwärts nach Mainz gebracht. Seine letzte Ruhestätte sollte der Heilige in dem von ihm gegründeten Kloster Fulda nehmen. Von Mainz aus setzte sich ein längerer Leichenzug von Mönchen in Bewegung, an der Spitze der neue Mainzer Erzbischof Lullus. Sie trugen auf den Schultern die sterblichen Überreste Bonifatius'.

Am ersten Abend übernachtete die Prozession bei Hofheim. Dann bewegte sich der Zug auf der Heerstraße Richtung Praunheim, bog dann nach Norden ab und auf Kalbach und Bonames zu. Dort fand die zweite Übernachtung statt. An dem Platz der abendlichen Rast entsprang plötzlich eine Quelle mit Wunder wirkendem Wasser, die seitdem als Bonifatiusquelle bekannt ist.

Die nächtliche Anwesenheit des Bonifatius' machte die Quelle zu einem Ort der Verehrung. Hier wurde zuerst ein Steinkreuz errichtet und dann eine Kirche. Die Frankfurter Stadtarchäologie fand an der Südseite des Chores ein kleines Brunnengebäude, das zu einer älteren, der Heiligen Ottilie geweihten Kapelle gehört haben könnte. Dann wäre die Kirche das Ziel von Wallfahrern, die blind waren oder an Augenkrankheiten litten, denn dafür war die Heilige Ottilie zuständig.

Heute finden wir am Riedberg südlich des Ortskerns von Kalbach den modern eingerichteten „Bonifatiusbrunnen" im Rahmen einer 100 m breiten und 800 m langen Grünfläche. In der Weite trifft der Blick von hier auf die Skyline Frankfurts.

Undemokratisch
Wo Adickes wohnte

22.

Westend, Guiollettstraße 55

Gegenüber der Westendschule, in der Guiollettstraße, stehen eine Reihe erhaltener Wohnhäuser des ausgehenden 19. Jahrhunderts. Hier in der Hausnummer 55 der Guiollettstraße wohnte von 1913-1915 der Frankfurter Oberbürgermeister Franz Adickes (1846-1915). Er war von 1890 bis 1912 im Amt.

Franz Adickes Wirken in Frankfurt zu beschreiben, müsste Bände füllen. Betrachten wir die Liste der großen Schritte in Frankfurts Entwicklung unter seiner Ägide: die Erschließung der Altstadt, der Rathaus-Neubau, die Stadterweiterungen, der Ausbau der Liebieghaus Galerie, Fürsorge für milde Stiftungen und das Institut für experimentelle Therapie. Ebenso die Fortentwicklung der wissenschaftlichen Institute, die Eingemeindung des gesamten Landkreises, die Durchführung des Osthafen-Projektes, die Errichtung der Festhalle und die Gründung der Frankfurter Universität.

Wie kam Adickes nach Frankfurt? Der Frankfurter Stadtverordnete und Herausgeber der „Frankfurter Zeitung", Leopold Sonnemann, wurde 1891 beauftragt, einen neuen Frankfurter Oberbürgermeister zu finden. Sonnemann erstellte eine Liste, die dem König von Preußen als Landesherr von Frankfurt, also Wilhelm II., zugleich Deutscher Kaiser, vorgelegt werden musste. Sonnemann schrieb geschickt drei Namen auf: Sonnemann, Oeser und eben Adickes. Sonnemann war Jude und ein Jude durfte nicht Oberbürgermeister werden; Oeser war ein Demokrat, den der Kaiser auch nicht mochte und Adickes – nun, der König und Kaiser musste sich für ihn entscheiden. Aus seiner Sicht hatte er keine andere Wahl.

Undeutsch
Toilette Zeil

23.

Innenstadt, Zeil/Friedberger Anlage

In der Sonne liegt ein kleines Gebäude von 1906 mit einem Fachwerkaufsatz und einem geschwungenen Dach im Jugendstil. Heute ist es eine Bar, im Sommer mit Schirmen und Sonnenliegen. Die ursprüngliche Funktion war allerdings eine andere. An viel frequentierten Orten entstanden in den 1860er Jahren in Frankfurt kleine Toilettenhäuschen. Aus Eisen gegossen, aus Stein gemauert oder, wie dieses Gebäude, teilweise aus Fachwerk. Architektonisch ansprechende Örtchen – das Idyll für die menschliche Erleichterung eben.

Aber auch an solchen Orten waren die Schergen der Nazis unterwegs. Es kam immer wieder zu Verhaftungen von Männern, die sich nicht so recht wie „deutsche Volksgenossen" verhielten. Aus einem Protokoll der Frankfurter Polizei:

„Am 25. Juni 1937 um 21 Uhr ging er über die Zeil. An der Friedberger Anlage/Zeil betrat er die Bedürfnisanstalt, um seine Notdurft zu verrichten. Der Angeklagte folgte ihm und sah ihn in der Friedberger Anlage stehen. Da der Angeklagte durch dieses Verhalten des Mannes in die Annahme versetzt wurde, jener sei bereit, sich mit ihm geschlechtlich einzulassen, bedeutete er ihm, sich mit ihm auf eine Bank zu setzen. Der Mann setzte sich neben den Angeklagten, der ihn nach kurzer Zeit an das rechte Knie fasste. Als sich der Mann hiergegen nicht wehrte, fasste der Angeklagte nach dem Geschlechtsteil des Mannes, öffnete dessen Hose, nahm dessen Geschlechtsteil heraus und denselben in seinen Mund. In diesem Augenblick gab sich der Mann als Kriminalbeamter zu erkennen und nahm den Angeklagten mit zur Polizeiwache."[1]

Undicht?
Das Frankfurter
Atomkraftwerk

24.

Rebstock, August-Euler-Straße

In Zeiten, da wegen der akuten Tsunamigefahr in Deutschland alle Kernkraftwerke stillgelegt werden sollen, sei auf den ehemaligen Forschungsreaktor Frankfurt verwiesen. Wir verdanken ihn Prof. Dr. Erwin Schopper (1909-2009), dem hoch angesehenen Gründungsdirektor des Instituts für Kernphysik an der Universität Frankfurt und Pionier der Schwerionenphysik. Er war ein Weggefährte von Max Planck, Otto Hahn und Werner Heisenberg. Der Reaktor war eine Spende der Farbwerke Hoechst und der Stadt Frankfurt an die Universität. Er wurde 1957 aufgebaut und nahm 1958 seinen Betrieb auf.

Der Forschungsreaktor war ein homogener Lösungsreaktor (Siedewasserreaktor) mit einer Nennleistung von 50 kW. Sein Betrieb geschah mit zu 20 % angereichertem Uran. Er lief zehn Jahre und wurde dann wegen technischer Probleme abgeschaltet. Fünf Jahre später begann an gleicher Stelle der Bau eines Forschungsreaktors mit einer thermischen Leistung von 1 MW. Dabei verwendete man verstrahlte Teile des Vorgängerreaktors. Durch veränderte politische und wissenschaftliche Rahmenbedingungen ging der Reaktor nicht in Betrieb.

Nach Entfernung des Brennstoffs diente das Gebäude als Zwischenlager für radioaktive Abfälle. 2006 wurde der Reaktor vollständig abgebaut. Sein Standort war das besagte Universitätsinstitut, schräg gegenüber vom Rebstockbad gelegen. Das Reaktorgelände wurde von der Stadt Frankfurt vollständig mit neuen Wohnungen überbaut. Die Häuser sind attraktive Mietobjekte für junge Familien, deren Kinder hier friedlich im Sand spielen.

Undurchdringlich

Das Gebück von Oberrad

25.

Oberrad, Sachsenhäuser Landwehrweg

Die Warten um Frankfurt erinnern an das im 15. Jahrhundert entstandene Landwehrsystem. Die Landwehr hatte die Aufgabe, mögliche Feinde Frankfurts schon vor den eigentlichen Stadttoren in einer Entfernung von ca. 2,5 km abzufangen und im Gefahrenfall solange aufzuhalten, bis Hilfe durch Frankfurts Soldaten zur Stelle war. An den die Landwehr durchbrechenden Straßen befanden sich die vier heute erhaltenen Warten: Sachenhäuser Warte, Friedberger Warte, Bockenheimer Warte und Galluswarte.

Der Name des Stadtteils „Dornbusch" erinnert an die Dornenhecke, die Teil des sogenannten Gebücks, ein natürlicher, aber undurchdringlicher Wall, war. Das Wort Gebück leitet sich vom Biegen oder Bücken der Hainbuchen-Stämme ins Erdreich ab. Diese wuchsen in Schlaufen wieder aus dem Erdreich nach oben. Diese Hecke wurde dann zusätzlich mit Brombeeren und anderen dornentragenden Pflanzen durchwoben. Ein natürliches Hindernis, das kaum zu durchdringen war.

Ein kleiner Teil des Gebücks ist am Ortsrand von Oberrad erhalten geblieben. Dieser entstand nach 1441, nachdem Oberrad ein Teil Frankfurts wurde. Die Landwehr begann im Norden, am Main an der Gerbermühle, und verlief fast genau in südlicher Richtung bis zum heutigen Stadtwald, von dort nach Westen, um am Wendelsweg wieder Richtung Norden, zum Mühlberg, den Bogen zu schließen. Ein kleiner Teil des Gebücks ist nun als Teil der Sehenswürdigkeiten des Frankfurter Grüngürtels wieder sichtbar gemacht worden. Zu finden ist er am Waldesrand Richtung Goetheruhe.

ANNO
DOMINI
19 51

ZUM ANDENKEN AN SEINEN GROSSVATER JOH.
PHILIPP HOLZMA NN GEB. 1805 GEST. 1870
DEM GRÜ NDER DER FIRMA
PHIL. HOLZMANN STIFTETE DIESE FENSTER
DR CHARLES ENG ELHARD NEW JERSEY USA.

DIE ENTWÜRFE MALTE UND
STIFTETE FÜR DENSELBEN GROSSVATER
LINA v. SCHAUROTH GEB. HOLZMANN

Undurchsichtig
Die Fenster der
Lina von Schauroth

Innenstadt, Römerberg

In der Nikolaikirche auf dem Frankfurter Römerberg befinden sich bemerkenswerte Glasfenster der Frankfurter Kunsthandwerkerin Lina von Schauroth: Maria auf der Flucht nach Ägypten und die Kreuzigung Jesu, Anbetung und Auferstehung. Die Fenster wurden 1951 unter Aufsicht der Glaskünstlerin in die teilzerstörte Kirche eingebaut. Das Christusfenster hatte sie 1922 für eine Trauerkapelle der Familie angefertigt.

Geboren als jüngste Tochter des Bauunternehmers Philipp Holzmann, gehörte sie zu den Spitzen der Frankfurter Gesellschaft. Künstlerisch talentiert, wurde dem Mädchen Zeichenunterricht bei Heinrich Hasselhorst ermöglicht. Ihre weitere Ausbildung ging von der Grafik und Plakatkunst über die Bildhauerei zur Glaskunst, die sie in den 1920er Jahren erlernte. Das künstlerische Werk Lina von Schauroths ist vielfältig. Dazu gehören viele Plakatentwürfe, Glasfenster in Kirchengebäuden und der Hohenzollerngruft sowie die Gestaltung des Festsaals im IG-Farben-Gebäude.

Die Liebhaberin von Pferden heiratete 1895 den Leutnant und Pferdeliebhaber Hans von Schauroth. Dieser stürzte zehn Jahre später vom Pferd und starb an den Folgen. Zeit ihres Lebens hatte Lina von Schauroth eine reaktionäre und revanchistische Gesinnung, ungewöhnlich für Menschen ihres Bildungshintergrunds. Bei der Einweihung des Kaisersaals im Römer 1955 brachte die unbequeme Dame in Anwesenheit von Bundespräsident Theodor Heuß ein Hoch auf Kaiser Wilhelm aus.

Uneben
Die Braubach

27.

Innenstadt, Braubachstraße

„Die" Braubach, so muss es heißen, war ein Bach im Zentrum Frankfurts. Sie war Bestandteil eines nördlichen Nebenarmes des Mains, der sich am Fuß des Berger Höhenrückens entlang zog. Im Zentrum verlief sie dort, wo sich heute die Braubachstraße befindet. Zwischen Braubach und Main lag die Keimzelle Frankfurts, der kontinuierlich besiedelte Domhügel.

Zur Salierzeit gab es eine erste feste Ummauerung des Domhügels. Im Norden diente die Braubach dieser Mauer als vorgelagerter Wassergraben. Mit der Vergrößerung der Stadt wurde die Braubach kanalisiert und im späten Mittelalter ganz überdeckt und überbaut. Sie ist noch als schwache Einsenkung wahrzunehmen, wenn man darauf achtet. Falls es die Braubach heute noch geben sollte, dann fließt sie durch die Frankfurter Kanalisation.

Im Bereich der Braubach bis Ende des 19. Jahrhunderts standen viele der ältesten Häuser Frankfurts. Der bauliche Zustand war nicht gut, eher dem Verfall nahe. Dementsprechend wurde das Gebiet zum Wohnbezirk der Unterschicht und damit zum politischen Problem.

Die Lösung im Sinne der Herrschenden war ein breiter Straßendurchbruch. Er verursachte den Abriss von über 150 Altstadthäusern. Einige wenige Spolien barg Dr. Otto Lauffer, der Direktor des Historischen Museums. Die Bomben des Zweiten Weltkriegs und der Bau des Technischen Rathauses vollendeten die Zerstörung. Übrig blieb über der Braubach eine ungeordnete Abfolge historisierender Gebäude.

Unecht
Geld für Japan

Innenstadt, Saalgasse

Das Kaiserreich Japan stellte 1870 die Geldversorgung auf moderne Banknoten in europäischer Machart um. Die Scheine wurden in der Frankfurter Saalgasse gedruckt. Empfänger des prestigereichen Auftrags war die Druckerei Dondorf & Naumann, ein ausgewiesener Hersteller von Banknoten und Wertpapieren.

Bernhard Dondorf, geboren 1809 in Frankfurt und gestorben 1902 ebendort, erlernte das Handwerk des Lithografen in C. Naumanns Druckerei in Frankfurt. 1833 erwarb er das Frankfurter Bürgerrecht und eröffnete eine lithografische Anstalt in der Saalgasse. Zunächst stellte er Bilderbücher, Lampenschirme und Glückwunschkarten her. Zusammen mit der Druckerei Naumann verlegte er sich auf die Herstellung von Banknoten.

Die ersten Guldenscheine der Frankfurter Bank entstanden bei Dondorf; weitere Kunden waren das Großherzogtum Luxemburg, einige Schweizer Kantone und das Königreich Italien. Die Qualität letzteren erregte in Japan Bewunderung. Daher ging der Auftrag an Dondorf, Noten der japanischen Staatsbank zu entwerfen. Die Scheine wurden im Hochformat mit japanischer Motivik hergestellt. Die Entwürfe gefielen und der Druck echter und fälschungssicherer Scheine ging vonstatten.

Der japanische Staatsauftrag ermöglichte eine Verlegung und Vergrößerung des Druckbetriebs. Dondorf erwarb ein Grundstück in der Bockenheimer Landstraße 136. Zum Hauptgeschäftszweig wurde die Spielkartenfabrikation. Ein 1890 errichtetes viergeschossiges Fabrikgebäude mit Backsteinfassade hat sich an dieser Stelle erhalten.

Unehrenhaft
Palais Reichenbach-Lessonitz

Innenstadt, Bockenheimer Anlage

In Berlin wurde 1791 Emilie Ortleb als Tochter eines Juweliers geboren. 1812 verliebte sich der hessische Kurfürst Wilhelm II. in sie. Ein Problem, denn Wilhelm war bereits verheiratet. So wurde sie, im Sprachgebrauch der Zeit, die Gattin zur linken Hand. An der rechten Hand befand sich der Ring der legitimen Ehefrau. Nach der Scheidung Wilhelms II. rückte Emilies Ring nach rechts. Nun hieß sie: Gräfin Emilie Reichenbach-Lessonitz. Ring und Titel befanden sich nun am rechten Fleck.

Weil in Kassel und Hanau, den Residenzen Wilhelms, unbeliebt, kam das Paar 1824 nach Frankfurt. Die Zeitgenossen dichteten: „Oh Cholera verschone mich, nimm doch den Fürsten Metternich, willst Du ganz was Feines, nimm die Gräfin Reichenbach und den Finanzrat Deines." An der Taunusanlage wohnte das Paar ab 1838 in einem der prunkvollsten Palais Frankfurts. Das Palais blieb im Krieg erhalten, wurde aber 1972 abgerissen. Heute befinden sich an seinem Standort die Doppeltürme der Deutschen Bank.

Emilie starb 1843. Ihr Grab, eine der Besonderheiten auf dem Frankfurter Hauptfriedhof, ist ein im maurischen Stil erbautes Mausoleum. Ein Freund Heinrich Hoffmans, Friedrich Hessemer, hatte es nach seinen Reiseeindrücken im nördlichen Afrika entworfen.

An das Palais Löwenstein-Wertheim-Freudenberg, Wohnsitz der Tochter Emilies und Wilhelms, erinnern im Bürgergarten in der Eschenheimer Anlage Säulen, Löwenfiguren und ein Medusenhaupt.

Unentdeckt
Der zerstörte Goethe

Ostend, Schöne Aussicht 2

In Frankfurt kam 1819 zum 70. Geburtstag Goethes die Idee auf, dem größten Sohn der Stadt bereits zu Lebzeiten ein Denkmal zu widmen. Bankier Bethmann stand an der Spitze eines Komitees. Bettine von Arnim zeichnete schon erste Entwürfe. Christian Rauch und Bertel Thorwaldsen standen für eine Ausführung bereit. Doch die große Spendenaktion war nichts weniger als ein Flop. 50.000 Gulden waren nötig, aber nur wenige Tausend kamen herein.

Das nicht ohne Grund. Goethe hatte diese auch für ihn persönliche Blamage selbst verursacht. Aus Geiz. Um den steuerlichen Belastungen seitens der Heimatstadt zu entgehen, wurde er auf eigenes Betreiben im Dezember 1817 gegen eine Gebühr von 30 Kreuzern aus der Bürgerschaft zu Frankfurt entlassen. Seine ehemaligen Mitbürger nahmen ihm das sehr übel.

Der Denkmalstreit zog sich in die Länge. Genervt von dem öffentlichen Gezerre ergriffen schließlich drei reiche Frankfurter eine Privatinitiative: der Kaufmann Heinrich Mylius, der Seidenhändler Marquard Georg Seufferheld und der Naturforscher Dr. Eduard Rüppell. Sie beauftragten den Mailänder Bildhauer Pompeo Marchesi mit der Anfertigung einer kolossalen Sitzstatue aus Marmor. Sie wurde 1840 in der Stadtbibliothek eröffnet und beim Bombenangriff 1944 vernichtet.

Doch ein kleiner Goethe ist beim Neubau des Gebäudes 2005 zurückgekehrt. Er sitzt im Foyer rechts, bescheiden und unentdeckt, aus Bronze nur – eine 100 Jahre alte verkleinerte Ausgabe des großen Marmor-Goethes.

Unerforscht
Pavillon „Heimat"

Innenstadt, Berliner Straße 70

Auf einem nachts aufgenommenen Foto sieht der Pavillon an der Berliner Straße aus wie auf einem Bild des amerikanischen Malers Edward Hopper. Die Qualität dieses Bauwerks ist erst seit der Wiederherstellung erfahrbar. Große gebogene Fenster und die feinen Messing-Profile geben dem 1956 nach den Plänen von Edgar Schäfer erbauten Pavillon etwas sehr elegantes. Ein ähnliches Gebäude stand auf dem Gelände des heutigen Museums für Moderne Kunst.

Zuerst wurde der Pavillon als „Deutscher Diner" der Firma „Jöst" genutzt. Jöst hatte u. a. für viele Jahre die Konzession für die Frankfurter Wasserhäuschen. Dann war hier für 20 Jahre eines der bekanntesten Jazzlokale Frankfurts, die „Jazz Kneipe". Frankfurt hatte sich in der Nachkriegszeit zu der führenden deutschen Jazzstadt entwickelt. Die Gebrüder Mangelsdorff standen ebenso für Jazz in Frankfurt wie der Jazzkeller, das Jazzhouse und eben die Jazzkneipe. Unter einer „Baumarkt"-Verkleidung dieser Jahre war die Eleganz des Baus nicht mehr zu erkennen.

Dann stand der kleine, ovale Bau jahrelang leer. Das heutige Erscheinungsbild ist das Ergebnis einer aufwendigen Sanierung. 1999 wurde das Gebäude unter Denkmalschutz gestellt. Der Volks-Bau- und Sparverein als Besitzer übertrug die Restaurierung des Stahlskelettbaus dem Offenbacher Architekten Christian Schmidt. In Abstimmung mit dem Frankfurter Denkmalschutz wurde der kleine Bau wieder zu einer kleinen Ikone der 50er Jahre-Architektur. Heute heißt das Weinlokal „Heimat" und ist mit Oliver Donnecker, Sabine Fey, Gregor Nowak und Tanya Huber als Gastgeber ein angesagtes Restaurant in Frankfurt.

Unermüdlich
Die Berger Ruhebank

Bergen, Am Bächelchen 29

An mehreren Orten am Stadtrand Frankfurts stehen an der Straße merkwürdige Gebilde aus länglichen Sandsteinquadern. Es handelt sich dabei um sogenannte „Ruhebänke" aus dem 18. Jahrhundert. Sie bestanden aus einem hohen und einem niedrigen Querbalken. Vorbeigehende Menschen trugen oft schwere Lasten auf dem Buckel, auch Körbe mit Weintrauben. Der obere Balken diente zum Abstellen dieser Gewichte. Der untere Balken war die Sitzgelegenheit für den Träger und die Trägerin. Diese Bank steht am oberen Ende des Berger Hanges. Zur Zeit der Nutzung der Bank trug der Hang noch Weinstöcke, sodass hier auch Rebkörbe ruhen konnten.

Nach Süden hin bietet sich ein großartiger Panoramablick über Maintal zum Spessart und Odenwald hin. Im Rücken verläuft die „Hohe Straße", auf der die Kaufleute ihre Waren zwischen den Messestädten Frankfurt und Leipzig transportierten. Diese Via Regia war auch ein Teil des Jakobsweges nach Santiago di Compostela.

Eine schöne Ruhebank befindet sich auf der Friedberger Landstraße auf der Höhe vor Bad Vilbel. Sie wurde um 1700 wohl mit dem dortigen Heiligenstock errichtet. Einige Jahrzehnte später erbaute man daneben ein Zollhaus, das die Grenze der Grafschaft Hanau im Süden gegen das Kurmainzer Gebiet von Vilbel im Norden kontrollierte. Eine weitere Ruhebank für müde Lastenträger steht an der Kennedyallee.

GRUFT

DER

Familie von Schweitzer.

Unerwünscht
Jean Baptiste Schweitzer

Dornbusch, Hauptfriedhof, Rat-Beil-Straße

In der klassizistischen Gruftenreihe des Frankfurter Haupt-friedhofes befindet sich eine unscheinbare Tafel mit der Auf-schrift „Schweitzer". In der Gruft der Familie liegt der Schrift-steller und Journalist Jean Baptiste Schweitzer, der in Frankfurt 1833 geboren und hier 1875 beerdigte wurde. Schweitzer ließ sich nach juristischem Studium 1857 als An-walt in Frankfurt nieder. Daneben entwickelte er durch seine Großmutter, die mit Jean Paul verwandt war, schriftstelleri-sches Interesse. Schweitzers politischer Weg führte ihn in die Arbeiter- und Schützenbewegung.

Schweitzer organisierte 1862 in Frankfurt das 1. Allgemeine Deutsche Schützenfest. Die Feststraße im Frankfurter Nordend und ein Gedenktaler erinnern daran. Nur wenige Tage nach dem Schützenfest kam es jedoch zu dem für Schweitzers weiteres Leben entscheidenden Ereignis: Man hatte ihn in Mannheim ver-haftet! Er solle, so wurde ihm vorgeworfen, mit einem jungen Mann sexuell verkehrt haben. In der Frankfurter Gesellschaft wurde er nach diesem „Skandal" geschnitten. Schweitzer arbei-tete seitdem nur noch schriftstellerisch und journalistisch.

Den 1864 erschienenen Roman „Lucinde oder Kapital und Ar-beit" widmete er Ferdinand Lassalle. Lassalle setzte sich für Schweitzer ein und verhalf ihm zu einem politischen Come-back. In Berlin gründete Schweitzer nun die Tageszeitung „So-cial-Demokrat". Schweitzer gehört so zu den Namenspaten der SPD. In der Zeitung schrieben unter anderem Karl Marx und Georg Herwegh. Jean Baptiste Schweitzer starb als gefei-erter Theaterautor am 28. Juli 1875.

Unfallort
Explosion am Gallus

Gallus, Kölner Straße 14

Elisabeth Oppermann (48) ging am Mittwoch, den 7. Dezember 1955 um 5.37 Uhr morgens in den Keller ihres Wohnhauses in der Kölner Straße 14 im Gallusviertel. Der Funke des Lichtschalters löste die größte Gasexplosion in der Frankfurter Geschichte aus. Mit einem fürchterlichen Knall versank das fünfstöckige Wohnhaus in Schutt und Asche. Die Trümmer aus Schutt und Eisen bedeckten nur noch das erste Obergeschoss. Es kamen 27 Bewohner des Hauses bei dem Einsturz um.

Dabei war das Gebäude erst vor zwei Wochen fertiggestellt worden, an der Stelle eines durch Bomben zerstörten Altbaus. Eigentümlichweise hatte es gar keinen Gasanschluss. Eigentümer war der Architekt Matthias Stenczel, ein Deutsch-Slowake. Er war mit seiner Familie vor den Kommunisten geflohen. Da wenige Monate vorher in München ein slowakischer Exilpolitiker Ziel eines Bombenanschlags war, vermutete das Bundeskriminalamt politische Hintergründe. Doch diese Spur war falsch.

Bei der Suche unter den Trümmern kam tatsächlich der Stutzen eines Gasanschlusses zum Vorschein. Im Vorjahr waren Klempner der Gaswerke wegen eines gemeldeten Gasgeruchs vor Ort gewesen. Sie fanden die Leitung durch einen Wassertopf unterbrochen, der wie das Knie eines Abflussrohrs wirkt. Jedoch unterließen sie es, einen Absperrhahn oder einen Absperrdeckel anzubringen. Das Wasser verdunstete und konnte in den Keller strömen. Der Funke des Lichtschalters brachte es zur Explosion.

1957 entstand das Haus nach den gleichen Plänen an der gleichen Stelle. Dort steht es noch heute, unspektakulär, renoviert und frisch gestrichen.

Unfein
Pik Dame

Bahnhofsviertel, Elbestraße

„Lass uns das machen." Thorben Leo, immer mit Ideen und Elan im Frankfurter Bahnhofsviertel unterwegs, hatte 2005 die Idee, mit Freunden etwas Neues im Viertel zu machen. Der Ort: Pik Dame, ein kleiner Animierbetrieb mit dem Charme der 60er Jahre. 1963 gegründet und immer noch kleine rote Lämpchen auf dem Tisch, Getränkekarte, französische Motivtapete, Karussellpferde und Alkoven. Gerade Platz genug für eine Veranstaltung der besonderen Art: der „Pik Sonntag" einmal im Monat – immer ausverkauft.

Jedes Mal ein im wahren Sinn des Wortes hautnahes neues Thema: Sex, Gummi, Leder, Prostitution, Nitribitt, Musik, Fotografie, Handwerk und Musikgeschichten quer durch das lebendige, vielschichtige, aggressive, aufstrebende Bahnhofsviertel. Immer ein wenig schräg und gleichzeitig angesagt.

Am 19. April 2008 ist Thorben Leo, der Journalist, Autor, Pianist, Sportler und Bahnhofsviertelkenner im Alter von nur 37 Jahren auf dem Weg in seine Wohnung tödlich verunglückt. Thorbens Idee, der „Pik Sonntag", wird heute von Frankfurter Pianisten und von Thorbens Freunden wie Gabriel Groh weitergeführt. Es moderiert Bernard Hahn, der gern als Sänger und Entertainer auftritt. Hahn ist auch noch Inhaber von Cream Music in der Taunusstraße und der Frontsänger der Band „Groove Connect". Und wie früher ist Mona die Chefin des Service.

Unter all dem befindet sich die nun 50 Jahre alte Kegelbahn. Hier sollen schon einige Promis der Frankfurter Gesellschaft und Politik nach den „Freuden" des Rotlichts noch gekegelt haben.

Ungebührend
„Kleist Casino"

Innenstadt, Kalbächer Gasse

Ein wunderbarer Pavillon nach Entwurf von Willi Martin Romberger markiert eine wichtige Stelle in Frankfurts beliebter Ausgehstraße, der „Freßgass'"; richtig heißt sie eigentlich Große Bockenheimer Straße und Kalbächer Gasse. An der Straßengabelung lag früher das Säuplätzi. Der kleine Bau von 1956 hat seine Eleganz durch die Jahre erhalten können. Anders als das dahinter liegende Hochhaus, das durch seine spätere Fassade die ursprüngliche Wirkung verlor.

In seiner ersten Nutzung war der Pavillon das Lokal „Kleist Casino". Es war der elegante Treff der homosexuellen Szene in Frankfurt. Hier kamen die Schauspieler der Frankfurter Theater vorbei, hier waren Lilian Harvey und die „Chilenische Nachtigall", Rosita Serrano, die gefeierten Gäste der schwulen Szene. Die Polizei hatte hier die Genehmigung erteilt, dass Männer – wie ungebührend! – miteinander tanzen durften. Im „Kleist Casino" tagte das 1948 von Hans Giese in der Tradition Magnus Hirschfelds wiedergegründete wissenschaftlich-humanitäre Komitee, das sich die Abschaffung des § 175 zur Aufgabe machte. Zwar hatte die Frankfurter Polizei keine Bedenken gegen die Treffen, wohl aber das Gesundheitsamt Frankfurt. Man fürchtete die ansteckende Wirkung der Homosexualität und so wurde Gieses Verein verboten.

Der 50er Jahre-Pavillon wurde später im Parterre als Obstladen genutzt, der Fressgass' entsprechend. Wollte man das Obst im gepressten Zustand, ging es zur Saftbar im ersten Stock. Heute werden hier in einer Apotheke Medikamente verkauft.

Ungeehrt

Die Schule des Raphael Simon Hirsch

Ostend, Bernhard-Grzimek-Allee 6-8

Bis in die NS-Zeit gab es in Frankfurt zwei bedeutende höhere Schulen der Juden: das Philanthropin in der Hebelstraße und die Samson-Raphael-Hirsch-Schule am Zoo im Ostend. Erstere ist sehr bekannt, Letztere fast vergessen. Das Gebäude steht nicht mehr. Es wurde 1960 abgerissen. Das Schulgebäude befand sich genau südlich angrenzend an das Kaiser-Friedrich-Gymnasium, heute Heinrich-von-Gagern-Gymnasium. Dort erinnert seit 1999 eine Plakette an die Nachbarschule.

Der Rabbiner Samson Raphael Hirsch (1808-1888) schlug 1851 der israelitischen Religionsgemeinschaft in Frankfurt vor, Jungen und Mädchen jüdischen Glaubens regelmäßigen Schulunterricht zu erteilen. Mit finanzieller Unterstützung Wilhelm Carl von Rothschilds und anderer Förderer wurde am 1. April 1853 das Schulgebäude in der Schützenstraße 13 seiner Bestimmung übergeben. Neun Jahre später genossen hier schon 156 Jungen und 103 Mädchen den Unterricht. Hirsch leitete die Schule unentgeltlich bis 1877. Im darauffolgenden Jahr wurde sie vom Staat als vollberechtigte Realschule anerkannt.

Am Tiergarten konnte 1881 der Neubau der Schule eröffnet werden. Eine Schenkung Rothschilds über 300.000 Mark ermöglichte die Einrichtung einer der modernsten Schulen Frankfurts. Die letzte Schlussfeier konnte unter schwierigen Rahmenbedingungen am 27. März 1938 stattfinden. Die Reichskristallnacht bedeutete das Ende der Schule, und die Religionsgemeinschaft wurde von der Gestapo als aufgelöst erklärt. Das Grundstück samt Gebäude musste der Stadt Frankfurt zwangsweise für 100.000 Reichsmark verkauft werden.

Ungeist
Die Westend-Synagoge

Westend, Altkönigstraße

Die 1908 erbaute und 1910 eingeweihte Westend-Synagoge ist das vierte und größte jüdische Gotteshaus Frankfurts. Während die ärmeren Juden sich im Umfeld der ehemaligen Judengasse im Ostend ansiedelten, zogen die eher liberalen und bürgerlichen Familien ins Westend. Die Synagoge des Architekten Franz Roeckle entstand zeitgemäß im Jugendstil mit orientalisierenden Elementen. Sie hatte für 1.600 Besucher Platz, wobei die Frauen links und die Männer rechts zu sitzen hatten.

In der Zeit des Ungeistes, am 10. November 1938, legte ein SA-Trupp Feuer im Innenraum der Westendsynagoge. Die Feuerwehr eilte herbei und löschte den Brand, anders als bei den übrigen Synagogen Frankfurts. Dach und Innenraum wurden schwer beschädigt. Als Synagoge war sie nicht mehr zu benutzen, blieb aber erhalten. Der Rabbiner Georg Salzberger wurde in Dachau inhaftiert und konnte nach seiner Freilassung nach England ausreisen. Die Liegenschaft musste zwangsweise weit unter Wert an die Stadt Frankfurt verkauft werden.

Auf Befehl des Oberbürgermeisters wurde die Synagoge zum Lager für die Möbel fliegergeschädigter Volksgenossen. Ein Umbau zum Kino-, Vortrags- oder Theatersaal wurde in Erwägung gezogen.

Nach Kriegsende wurde die Westend-Synagoge instand gesetzt und wieder eingeweiht. Die Glasfenster stammen von Hans Leistikow. Nach Renovierungen in jüngerer Zeit befindet sich die Synagoge erfreulich nahe an ihrem historischen Ursprungszustand.

Ungekocht

Der Geburtsort
Frankfurter Würstchen

Innenstadt, Alter Markt

Das Wort „Schirn" gibt vielen ein Rätsel auf. Die Herkunft des Wortes liegt wohl im altitalienischen Wort „Scranna". Dies bezeichnete einen offenen Verkaufsstand vor oder in der Tür eines Hauses, dessen Parterre als Werkstadt benutzt wurde. In den alten Städten war nicht genügend Platz, um sowohl eine Werkstatt als auch ein Ladengeschäft zu haben. Die Frankfurter Metzger übernahmen diese Idee in engen Gassen der Altstadt. Aus dem altitalienischen Wort „Scranna" wurde Schranne oder Schirn, im Frankfurterischen „Schernn".

Im 18. Jahrhundert soll es bis zu 150 Metzger in der Altstadt gegeben haben. Vermutlich wurde hier, vor dem Frankfurter Dom, um 1720 im Metzgerviertel das „Frankfurter Würstchen" erfunden. Es war die Verfeinerung der älteren „Bratwurst". „Brat" bezeichnet hier nicht das Braten, sondern die Füllung – das Brät – in der Wurst. Die Füllung der Frankfurter Würstchen in einem Saitling (Dünndarm vom Schaf) besteht aus magerem Schweinefleisch mit Gewürzen. Die Würstchen sind nur leicht geräuchert. Zum Verzehr dürfen sie nur erhitzt und nicht gekocht werden.

Die Bezeichnung Frankfurter Würstchen ist in Deutschland seit 1860 geschützt. Sie beschränkt sich auf solche Würstchen, die im Großraum Frankfurt hergestellt werden. Für die Frankfurter Kunsthalle „Schirn" übernahm man den alten Begriff der Verkaufsstände. Heute wird hier Kunst angeboten und keine Würstchen mehr. Hoffentlich findet sich ein Metzger, der in den wiederaufzubauenden Häusern vor dem Dom die Tradition der „Frankfurter" wieder aufnimmt.

Ungenießbar
Kochkunstmuseum

Innenstadt, Untermainkai, Windmühlstraße

„Kochkunst in Frankfurt?", könnte die provokante Frage lauten und dann auch noch ein Kochkunstmuseum? 1909 bis 1944 bestand tatsächlich ein solches Museum in Frankfurt. Schaut man in die Frankfurter Geschichte, so macht ein solches Museum mehr als Sinn. Die Gründer des Museums um Matthäus Carl Banzer etablierten den Internationalen Verband der Köche und die Internationale Kochkunstausstellung in Frankfurt. Die Abteilungen des Museums waren weit gefächert: von der Geschichte der Kochkunst über Kochbücher, Menüs und Tafelkunst bis zur Ausstellung historischer und moderner Küchen.

Die beiden alljährlichen Reichsmessen zu Frankfurt brachten den Frankfurtern viele Ideen und kulinarische Einflüsse aus den großen Handelsstädten der Länder Europas. Rund um Wahl und Krönungen der Kaiser in der Stadt gab es rauschende Feste. Die zugehörigen großen Festbankette jener Jahre verwandten bis dahin unbekannte Zutaten aus aller Welt und trugen neue Ideen in Frankfurts Kochtöpfe.

Einige Beispiele hierfür: die Frankfurter Brenten, sogenannt nach den Modeln, in welche die Marzipanmasse gedrückt wird und das Muster der Form „druckt". Die Bethmännchen sind eine Art Weiterentwicklung davon. Der Frankfurter Kranz und der Brotpudding haben ebenfalls eine lange Tradition. Gleich drei Sorten von Würstchen gehören ebenfalls zu den Frankfurter Erfindungen: das Frankfurter Würstchen, die Rindswurst und die Zeppelinwurst.

Ungenutzt
Klo im Aufzugschacht

Innenstadt, Holzgraben

Am 29. 8. 1952 wurde unmittelbar an der Frankfurter Hauptwache der Europa-Palast eröffnet. Dieser war nach den Plänen Heinz Kramers gebaut und wurde bald zum glanzvollsten
Ur- und Erstaufführungstheater Frankfurts. 1.150 Gäste fanden in dem großen Haus Platz. Auf der Seite des Holzgrabens
und in der Neuen Kräme ist die einfache Fassade des Kinos
mit seinen runden 50er Jahre-Fenstern gut zu erkennen.

Der Frankfurter Kino-Unternehmer Ludwig Reichard setzte
damit die Familientradition fort. Reichard hatte im Oktober
1926 an der Langestraße am Allerheiligentor sein erstes
E-Kino, das „Eden Filmtheater" eröffnet. Es bestand bis 1963.
Seine Tochter Liselotte Jaeger setzte die bis heute andau-
ernde (Familien-)Tradition eines der ältesten Kinounterneh-
men Deutschlands fort. Heute führt ihre Schwiegertochter
Gabriele Jaeger das Haus.

Eine Besonderheit befindet sich im Treppenhaus des Kinos.
Ein nicht mehr genutzter Aufzugsschacht des Personenauf-
zugs wurde umgebaut. Im zweiten Stock befindet sich die
schöne alte Aufzugstür mit einer Glasscheibe. Allerdings
drückt der Aufzugsfahrwillige hier vergebens auf den Auf-
zugsknopf. Denn hinter der Tür verbirgt sich ein stilles Örtchen. Der Aufzug wurde stillgelegt. Aus der Not eine Tugend
machend erfolgte hier der Einbau einer kleinen Toilette. Die
Glasscheibe ist heute verspiegelt!

Ungepanzert
Die Schlacht von Höchst

Höchst, Schützenbleiche

Wir sind mitten im Dreißigjährigen Krieg. Das Heer der Protestanten unter Herzog Christian von Braunschweig-Wolfenbüttel, genannt der „tolle Christian", war auf dem Weg von Kassel nach Darmstadt. Die 17.000 Mann sollten bei Höchst den Main überqueren. Eine Vorausabteilung belagerte und stürmte die Stadt. Die Soldaten massakrierten die Höchster. Christian kaufte Holz im neutralen Frankfurt und ließ am unteren Ende der Höchster Stadtmauer eine Flussbrücke über den Main bauen.

Derweil rückte der Gegner aus Richtung Würzburg und Aschaffenburg an, um das Bistum Mainz vor den Protestanten zu schützen. Die kaiserlich-katholischen Truppen unter Johann Graf Tilly bestanden aus 26.000 Mann und 18 Kanonen. Der Braunschweiger beschäftigte sich inzwischen mit der Plünderung von Oberursel, Eschborn und Sulzbach. Vor Sossenheim formierten sich die Heere zur Schlacht. Es war der 20. Juni 1622.

Im Verlauf der Schlacht erwiesen sich die Katholiken als überlegen. Sie drängten die Protestanten Richtung Höchst und den Main zurück. Der tolle Christian gab daraufhin den Befehl, über die Mainbrücke die Südseite des Flusses zu erreichen. Der Rückzug wurde zur wilden Flucht, denn die kaiserlichen Soldaten setzten nach. Die Stadt musste wieder geräumt werden. Jetzt massakrierten die Höchster die Soldaten.

Nur 11.000 Mann der Protestanten entkamen über den Main, mit dabei die Kriegskasse. Waffen, Geschütze und Tross wurden zur Beute der Sieger. Auf der Holzbrücke spielten sich schauderliche Szenen ab. Weit mehr Soldaten verloren ihr Leben durch Ertrinken als durch die feindliche Hand.

Ungeschützt
Das Loch in der Mauer

Dornbusch, Hauptfriedhof, Rat-Beil-Straße

Der jüdische Friedhof an der Rat-Beil-Straße im Frankfurter Nordend ist die zweite große Grablege der Frankfurter Juden nach dem alten jüdischen Friedhof in der Frankfurter Battonstraße. Ab 1828 wurde in der Rat-Beil-Straße bestattet.

Beim Rundgang wird schnell klar, dass diese Menschen zu den ganz großen Frankfurter Namen gehören. Die Rothschilds, Bankiers und Mäzene Frankfurts; der Maler Moritz Daniel Oppenheim; der Nobelpreisträger Paul Ehrlich; der Gründer der Frankfurter Zeitung und des Societäts-Verlags Leopold Sonnemann; die Frauenrechtlerin und Autorin Bertha Pappenheim; der Rabbiner Samson Raphael Hirsch.

An der Gestaltung und der Aufteilung des Friedhofes sind Phasen der jüdischen Geschichte des 19. Jahrhunderts abzulesen. Ein besonderes Gräberfeld ist das der „Israelitischen Religionsgesellschaft". Hier stehen die Grabsteine in langen Reihen und ohne Blumenschmuck. Dieses Feld wurde von einer Mauer innerhalb des Friedhofs umgeben.

Auf den westlichen Teil der Mauer fiel eine Fliegerbombe und riss ein Loch. Dies blieb der einzige Kriegsschaden des Friedhofs. Valentin Senger meinte, das wohl ganz oben jemand eine Hand schützend über den Friedhof gehalten habe. Diese schützende Hand fehlte auf dem jüdischen Friedhof in der Altstadt. Dieser wurde zu großen Teilen durch die Nationalsozialisten zerstört. Die Steine fanden Verwendung als Straßenschotter und beim Mauerbau am Hauptfriedhof an der Eckenheimer Landstraße.

JOHANN DAN
JOSEPH
VON
AUERBACH
GEB DEN XIV NON
MDCCLXXV
GEST DEN XXXXXX
MDCCCXXIII

INSIGNE MOESTIS

Ungestraft

P. J. Anselm von Feuerbach

44.

Dornbusch, Rat-Beil-Straße

Auf dem Frankfurter Hauptfriedhof liegt der „Erfinder" des modernen Strafrechts begraben. Es ist das Grab von Paul Johann Anselm Ritter von Feuerbach (1775–1833) an der Mauer zur Rat-Beil-Straße. Er sollte nicht mit seinem Enkel, dem Maler Anselm Feuerbach, verwechselt werden.

Das deutsche Strafrecht entwickelte sich aus den germanischen Körperstrafen. In mehreren Schritten entstand bis 1532 die sogenannte „Peinliche Halsgerichtsordnung" Kaiser Karls V. Für Straftaten wurde ein System der Strafen entwickelt. Menschen, die mordeten, sollten gerädert werden, Homosexuelle mit einem Schwert in den After umgebracht werden, Kindsmörderinnen sind zu ertränken. Die Ideen der Aufklärung beendeten dieses Strafsystem. 1806 erreichte Feuerbach mit seinem „Entwurf zur Abschaffung der Folter" eine Humanisierung in der bayerischen Kriminaljustiz. Die wesentlichste Veränderung bedeutete das von Feuerbach geschaffene „Strafgesetzbuch für das Königreich Bayern" (1813). Körperstrafen wurden weitgehend abgeschafft. Die Folter nicht mehr eingesetzt. Homosexualität straffrei gestellt.

1832 veröffentlichte Feuerbach ein Buch über das bekannte Findelkind Kaspar Hauser mit dem Titel: „Beispiel eines Verbrechens am Seelenleben des Menschen". Am 29. Mai 1833 starb Feuerbach in Frankfurt durch einen Schlaganfall. In diesem Zusammenhang gab es das Gerücht, Feuerbach sei bei einem Picknick in Frankfurt vergiftet worden. Man vermutete, dass der Jurist den hochadeligen Auftraggebern der Verbannung Kaspar Hausers zu nahe gekommen sei.

Ungestüm

Zollkrawalle an der Mainkur

45.

Fechenheim, Hanauer Landstraße 563

Natürlich ist eine Zollstelle ein Unort und sind Zöllner unbeliebt. Eine solche lag im Bereich der Mainkur nördlich des Dorfes Fechenheim. Seit 1765 führte eine befestigte Straße von Hanau über Dörnigheim bis Frankfurt. An der Grenze zwischen hanauischem und frankfurterischem Territorium lag die Zollstation „Main Cur". Dort befindet sich heute ein Restaurant, von der hier doppelten Bundestraße 8 und 40 umtost.

Mit Tod des letzten Grafen von Hanau kam deren Land an die Kurfürsten von Hessen zu Kassel. Die hessische Zollstation an der Mainkur wurde mehrfach Opfer des Volkszorns. Am 25. September 1830 stürmte eine aufgeregte Menge das Gebäude des kurhessischen Zollamts. Mit den Akten, Stühlen und Arbeitspulten entfachten sie ein Freudenfeuer. In Frankfurt kursierte ein böses Flugblatt mit der Parole: „Schaffe ab Maut, Stempel, Zoll, Beamten, Maitressen und Juden, damit wir haben unser täglich Brot."

Ein erneuter Krawall richtete sich am 6. Januar 1832 gegen das Zollhaus. 300 Mann aus Bergen, Enkheim und Fechenheim protestierten gegen die unliebsame Grenzanlage. Das Haus des Zöllners wurde belagert. Soldaten schossen in die Menge. Sechs Soldaten und sieben Aufständische wurden verletzt, drei davon starben.

Danach ging es an der Mainkur friedlicher zu. Parallel zur Straße entstand die Hanauer Eisenbahn mit einer Haltestelle. Die Ansiedlung der Casella-Werke Mainkur veränderte das Bild der Hanauer Landstraße bis heute nachhaltig.

Ungetüm
Künstlerhaus Fritz Boehle

Sachsenhausen, I. Wartegässchen

Es sind nur wenige Künstlerhäuser in Frankfurt erhalten geblieben. Zum Beispiel das Haus des Malers Wilhelm Steinhausen und das Haus von Hans Thoma in der Wolfsgangstraße 152 im Frankfurter Westend. Oder im I. Wartegässchen hinter dem Sachsenhäuser Wasserpark das Haus von Fritz Boehle (1873-1916). Das Besondere an diesem Gebäude ist, dass es 1910 nach den Plänen des Künstlers entstand. Das Gebäude ist eine Mischung aus neobarockem Wohnhaus und Fachwerkgebäude. Zur Gartenseite gibt es das Künstleratelier mit seinen großen Fenstern. Der Brunnen im Garten ist ebenfalls ein Entwurf Boehles. Hier beschäftigte sich Boehle, der ab 1886 bereits während seiner Schulzeit an der Frankfurter Städelschule als Schüler bei Hasselhorst und Kirchbach war, neben der Malerei auch bildhauerisch.

Boehle entwarf ein kolossales Reiterstandbild für die Alte Brücke, ein wahres Ungetüm. Der Frankfurter Oberbürgermeister Franz Adickes setzte sich für den Standort auf der Alten Brücke ein. Die Skulptur wurde allerdings nie in der von Boehle gewünschten Größe ausgeführt. Erst 1965 wurde eine kleinere Version durch die Brauerei seines früheren Mäzens und Auftraggebers dem Frankfurter Brauer Konrad Binding am Wendelsplatz aufgestellt.

Im Günthersburgpark steht ebenfalls ein Werk Boehles. Der in Kupferblech getriebene „Schreitende Stier" von 1910 ist eine der letzten Figuren Boehles, der sich erst zum Ende seines Lebens für die Bildhauerei entschied. Boehle hatte für den Entwurf der Plastik auf der Weltausstellung von Brüssel 1901 den „Grand Prix" gewonnen.

Ungewöhnlich
Maurisches Haus

Nordend, Eschenheimer Anlage 28

Die großen Epochen der Frankfurter Architektur sind die Gotik, der Klassizismus, das Bauhaus und der Moderne Hochbau. Zwischen diesen architektonischen Phasen gibt es aber auch in Frankfurt einiges Ungewöhnliche zu entdecken. Nennen wir diese Epoche „Orientalismus". Zwei markante Beispiele seien dafür genannt: Es ist das Mausoleum Reichenbach-Lessonitz auf dem Frankfurter Hauptfriedhof und das sogenannte Maurische Haus in der Eschenheimer Anlage.

Seit dem Feldzug Napoleons nach Ägypten, begleitet von einem Stab an Wissenschaftlern, war die alte Kultur des Landes am Nil zur Mode geworden. Der Architekt und Städelprofessor Friedrich Hessemer (1800-1860), ein Freund des Autors Heinrich Hoffmann, brachte die Eindrücke seiner Ägyptenreise mit nach Frankfurt und setzte diese für das Mausoleum um.

Johann Friedrich Weinsperger (1815-1877) entwarf das Maurische Haus, das 1856-1857 gebaut wurde. Das Gebäude hat Eckfilialen als kleine minarettartige Türmchen, sternförmige Ornamente um die Fenster und schließlich die Farbgebung in „orientalischen" Farbkombinationen aus Blau und Grün. Einer der ersten Bewohner des Hauses war der Bankier Benedikt Moritz Goldschmidt. Weitere längst verschwundene Bauten dieser Gestaltungsart standen in der Ulmenstraße 45. Auch einige der in diesen Jahren entstanden Frankfurter Synagogen zeigten eine vergleichbare Bauweise und Ornamentik.

Ungezwungen
Juniorhaus

48.

Innenstadt, Kaiserplatz

Der Kaiserplatz ist ein Ort, an dem sich die städtebauliche Entwicklung Frankfurts sehr gut ablesen lässt. Ein Beispiel für die Bebauung nach Pariser Vorbild ist die sternförmige Anlage des Platzes. Der Frankfurter Hof von 1878 und weitere Bauten am Kaiserplatz in hellem Sandstein stehen für den Aufbruch Frankfurts in die Gründerzeit. Die frühen Hochhäuser seit 1952 sind richtungsweisend für die Entwicklung Frankfurts als Stadt der Hochhäuser.

Nach der Zerstörung eines gründerzeitlichen Eckhauses zwischen der heutigen Friedensstraße und der Kaiserstraße entwickelte der Frankfurter Architekt Wilhelm Berentzen unter Mitarbeit von Karl-Heinz Setzepfandt an dieser markanten Stelle eine exponierte Ecklösung. Das Junior-Haus von 1952, mit seinem in der Fassade sichtbaren verglasten Treppenhaus, nimmt eine turmartige Situation seines Vorgängerbaus auf.

Wenn auch der Bau heute als ein Musterbeispiel für gelungene Architektur der 1950er Jahre gilt, so war das Vorhaben in jenen Jahren sehr umstritten. Feine Materialien wie Muschelkalk, Messingprofile und gebogene Scheiben vermitteln einen hochwertigen und edlen Eindruck. Damit stand das Juniorhaus zu dem manchmal mit einfachsten Mitteln arbeitenden Wohnungsbau der Stadt in starkem, wenn nicht gar provokativem Kontrast. Das Gebäude wurde dennoch zu einer heiteren und ungezwungenen Zimelie des Wiederaufbaus. Die Nutzung durch eine Mercedes-Niederlassung unterstrich den eleganten Anspruch des Baus.

Ungläubige
Joseph am Dom

Innenstadt, Dom, Südseite

Wesentliche Teile des Frankfurter Doms, Chor und Querhaus, wurden in der Mitte des 14. Jahrhunderts erbaut. Der berühmte Turm folgte ein halbes Jahrhundert später. Zwischen der Südseite des Doms und dem Main befand sich in dieser Zeit das Wohnquartier der Juden. Nach dem blutigen Pogrom von 1241 war hier wieder eine neue Gemeinde entstanden.

Im Juli 1449 brach in Frankfurt die Pest aus und forderte 2.000 Todesopfer. Die aufgebrachte Menge der Christen gab den Juden die Schuld an dem Unglück, plünderte das Judenviertel, tötete die Bewohner und setzte die Häuser in Brand. Das Feuer griff auf den neu errichteten Chor des Doms über, dessen Dachkonstruktion ebenfalls Feuer fing.

Die Fassade des südlichen Querhauses des Frankfurter Doms wurde kurz nach diesen Ereignissen vollendet. Den Eingang bildet ein Doppelportal. Darüber befindet sich in rechteckigem Rahmen ein gestelztes Tympanon mit einer Madonnenstatue in der Mitte. Links von ihr stehen die Heiligen Drei Könige, denen rechts ebenfalls drei Männer entsprechen. Joseph, Petrus und Jesaja. Die Skulpturen entstanden um 1350 in der Werkstatt von Meister Antze. Hier geht es um den heiligen Joseph.

Der Stiefvater Jesu ist nach der Art der Juden des 14. Jahrhunderts dargestellt, mit der charakteristischen Tracht der Juden und dem spitzen Judenhut. Sein Blick und seine Geste weisen mit traurigem Ausdruck nach Süden auf die Wohngegend seiner Glaubensgenossen hin. Diese Darstellung wird als eine der seltenen freundschaftlichen Gesten gegenüber den Juden gedeutet.

Unglaube
Heilig Kreuz Kirche

Bornheim, Martin-Weber-Platz

Welch eine Kirche! Kein Platz für Unglauben! Himmelhoch-
stürmend und wunderbar expressionistisch! Die Krone des
Bornheimer Hanges. Die zweite katholische Kirche in Bornheim, passenderweise neben der Ernst-May-Siedlung. Hier
entstand zwischen 1926 und 1930 die größte dieser Anlagen
mit 1.450 Wohnungen. Es waren überwiegend Zwei- und Drei-
zimmerwohnungen mit Zentralheizung, Bad, Dachkammer
und „Frankfurter Küche". Aus Notwendigkeit entwickelten
sich ca. 100 Dachkammern zu eigenen Wohnungen. Die zugehörige Heilig-Kreuz-Kirche, erbaut 1928/1929, erbte ihren
Namen nach der Kirche des ehemaligen Spitals zum Heiligen
Geist im alten Frankfurter Stadtzentrum.

Architekt dieses allzeit modernen Gotteshauses war der
Frankfurter Martin Weber (1890-1941). Die Kirche hat keinen
eigentlichen Turm, sondern zeigt mit drei Bögen in vier Stre-
ben hinan in die Wittelsbacher Allee. Dort befindet sich der
Eingang, verdeutlicht durch eine vorgelagerte Freitreppe. Die
Kirche ist in zeittypischer Stahlskelettbauweise ausgeführt
und hat flache Satteldächer. Sie wurde so auf den Hügelkamm
gesetzt, dass sie nach Westen und Osten gleichermaßen er-
höht wirkt. Das hat zur Folge, dass das Kirchenschiff exakt in
Nord-Süd-Richtung ausgerichtet ist. Alles in dem einschiffigen
Kirchenraum ist auf den Altar hin ausgerichtet, unterstützt
von der Lichtführung. Der Altarraum befindet sich somit - un-
gewöhnlicherweise - an der Nordseite.

Der Krieg beschädigte die Freitreppe, das Kirchendach, das
Pfarrhaus und die Kirchenfenster. Umfassende Renovierungen
näherten das Bauwerk wieder seinem Entstehungszustand an.

Unheil
Dynamit für Rothschild

Innenstadt, Fahrgasse

Nach der Gefangennahme Kaiser Napoleons III. bei Sedan wurde am 28. Januar 1871 Waffenstillstand geschlossen. Die Friedensverhandlungen des deutsch-französischen Krieges fanden im Hotel „Zum Schwan" in Frankfurt statt. Im Hotel „Wiener Hof" quartierte sich derweil der 27jährige Charles Müller aus Metz ein. Er wollte Rache nehmen für die Niederlage seines Vaterlandes.

Ort des Geschehens wurde das Frankfurter Bankhaus Rothschild. Das schlichte Gebäude lag am Ende der Fahrgasse (Nr. 146) an der Ecke zur Bornheimer Straße gegenüber der Konstablerwache. Architekt dieses Hauses von 1810 war Philipp Hoffmann, der Vater des „Struwwelpeter"-Erfinders Heinrich Hoffmann.

Am 19. April betritt er das Bankhaus und wird in das Comptoir im ersten Stock verwiesen. An einem Riemen trägt er eine Blechbüchse. Müller übergibt einem Buchhalter drei Zettel in französischer Sprache und verschwindet. Ein Kollege liest einen Zettel und lacht: „Der Mann will vier Millionen Gulden haben." Der Fremde kommt zurück, mit brennender Zigarre im Mund. Plötzlich gibt es im Hof eine Detonation. Sie richtet kein Unheil an. Der Mann wird ohne Widerstand verhaftet. Er hatte sich 41 Dynamitpatronen am Leib festgeschnallt.

Es kam zur Verhandlung. Der Vater des Attentäters war für Frankreich gefallen. So hatte er die „idée fixe", nach Frankfurt zu kommen, wochenlang mit Dynamit herumzulaufen und vier Millionen zu verlangen. Der Verteidiger führte aus, das seien Taten eines geistig Gestörten. Das Gericht entschied auf Freispruch.

Unkenntlich
Das letzte Westendhaus

Bahnhofsviertel, Niddastraße 31

Um die Ecke rote Lichter, dicke Autos, nachts Transsexuellen-Strich und verpinkelte Hauseingänge, umher liegen geblie-bene Spritzenbestecke der Junkies. Tagsüber grau und trost-los, so ist dieser Teil der Niddastraße. Das hört sich nicht nach Westend an. Dennoch: Auf den Stadtplänen des 19. Jahrhun-derts geht das Westend über die Mainzer Landstraße hinaus.

Die Taunusanlage und die Mainzer Landstraße waren die ersten Adressen der Stadt. Der Bankier und Verleger Leopold Sonne-mann, Gründer der Frankfurter Zeitung, hatte in der Taunusan-lage 5 sein elegantes, im späten Klassizismus erbautes Wohnhaus. Heute steht hier die ehemalige Reichsbankhauptstelle Frankfurt. An der Mainzer Landstraße 10 die Villa Sander, ein Geschäftshaus und ein Wohnhaus, die Villa Seligmann von 1871. Derartige Bauten erinnern im heutigen Bahnhofsviertel an das alte Westend.

Ein Haus, das dies ebenfalls noch widerspiegelt, ist das heute grau gestrichene Wohnhaus in der Niddastraße 31. Dieses letzte Westendhaus stammt aus dem Jahr 1870. Das Frankfur-ter Westend war nach 1800 als erste Stadterweiterung ent-standen. Die westlich der Stadt gelegenen Gelände waren wegen der Westwinde bevorzugt entwickelt worden und dies, obwohl das Gelände relativ feucht war und damit der Bau-grund aufwendig und teuer trocken zu legen war.

Die gefühlte Trennung von Bahnhofsviertel und Westend ent-stand erst nach dem Zweiten Weltkrieg. Ersteres wurde Rot-lichtviertel und für viele ein „Problemviertel". Das Westend wurde in den 1960/70er Jahren ein Ort der Spekulation und der großen städtebaulichen Veränderung.

DIESE MAUER
WURDE 1939 AUS
STEINEN DER AM
9.NOVEMBER 1938
ZERSTÖRTEN
FRANKFURTER
SYNAGOGEN ERBAUT

Unlesbar
Gedenktafel

53.

Friedhofsmauer, Eckenheimer Landstraße

Der Zerstörungswut und Brutalität der Nationalsozialisten waren nach 1933 keine Grenzen mehr gesetzt. Die Aggression der Machthaber und ihrer Handlanger richtete sich erst recht in dem als Hochburg des deutschen Judentums geltenden Frankfurt gegen die historischen jüdischen Einrichtungen im Besonderen und generell auch gegen alle Orte des jüdischen Lebens. In den Wohngebieten wurden vor den Häusern der Frankfurter Juden die Zäune entfernt, die Menschen symbolisch schutzlos gemacht, und die Gitter als „Metallspende" beschlagnahmt. Auf den jüdischen Friedhöfen wurden die metallischen Teile der Grabsteine wie etwa Inschriften und Tafeln entfernt.

Eine unwiederbringliche Zerstörung von jüdischem Gedächtnis und Kulturgut war 1943 der geplante Abtransport von etwa 4.000 der insgesamt 6.500 Grabsteine des alten jüdischen Friedhofs in der Battonstraße im Osten der Frankfurter Altstadt. Die Steine wurden absichtlich zerschlagen. Mit den großen Stücken der Gräber wurde die Westmauer des Hauptfriedhofs in der Eckenheimer Landstraße gebaut. Die kleineren Stücke wurden als Schotter genutzt und für den Straßenbau verwendet.

An der Mauer in der Eckenheimer Landstraße zwischen dem Neuen Portal und dem Eingang zum neuen jüdischen Friedhof ist eine Gedenktafel angebracht. Sie erinnert an die Zerstörung der jüdischen Grabmäler und deren Weiterverwendung. Wer diese Zeilen jetzt gelesen hat, wird genau hinschauen. Dann kann er noch die Überreste der hebräischen Beschriftungen der in der Mauer verbauten Grabsteine erkennen.

Unliebsam

Anderes Ufer –
erstes schwules Tagescafé

Nordend, Mercatorstraße 36

Heute dampfen die frischen Pizzen, wo 1977 schwulenpolitisches Neuland betreten wurde. Die Frankfurter Schwulenbewegung, gewisserweise wie die Frauenbewegung ein Kind der 68er, hatte hier einen ersten öffentlichen Ort. Aus einem Hinterhaus an der Wittelsbacher Allee zog man in die Nähe der Innenstadt.

Eine alte Wäscherei in der Mercatorstraße 36 wurde für 750,- DM gemietet. Das Geld kam durch monatliche Spenden herein. Ein wichtiger Unterstützer der ersten Tage war Andreas Meyer-Hanno. Nach einem Umbau wurden die Räume im Mai 1977 festlich eingeweiht. Das „Andere Ufer" wurde Treffpunkt für verschiedene schwule Gruppen und auch ein Tagescafé. Hier kamen die „linken" Bewegungsschwestern ebenso her wie Schwulengruppen, die eher dem bürgerlichen Lager zugerechnet wurden.

Solidarität auf allen Ebenen gab es nach dem 26. August 1977, als das „Andere Ufer" vom Ordnungsamt geschlossen wurde. Der Vorwurf: Ausschank von Getränken ohne Schankerlaubnis. Nach einem Formfehler des Ordnungsamtes und nach einer erfolgreichen Klage konnte das „Andere Ufer" am 1. September 1977 wieder öffnen.

Ein immer kleiner werdender Kreis Aktiver betrieb den Laden. Nach dem ersten Jahresfest und einer Jubiläumszeitung verabschiedete sich die dritte Generation der Frankfurter Schwulenbewegung. Viele traten den Marsch in die Verinnerlichung und in Beziehungen an. Schließlich wurde, nach zwei Jahren, das „Andere Ufer" geschlossen. An den Schulden, die hinterlassen wurden, mussten einige Männer noch lange Zeit zahlen.

Unmenschlich

Das Fallbeil von Preungesheim

Preungesheim, Obere Kreuzäckerstraße 4

Als das städtische Gefängnis auf dem Klapperfeld nicht mehr den Anforderungen der Zeit entsprach, wurde auf einem großen, freien Wiesengelände an der Homburger Landstraße vor Preungesheim eine neue Strafanstalt errichtet. Die moderne Anlage von 1889 hatte ein Männer- und ein Frauengefängnis. Außerhalb gab es acht Beamten- und Aufseherhäuser mit schönem Blick auf den Taunus und das Maintal.

Im Männergefängnis konnten 416 und im Frauengefängnis 85 Personen untergebracht werden. Die Einzelzellen maßen 3,90 x 2,20 m. Die Erwärmung geschah mit Warmwasserheizung, Beleuchtung geschah mit Petroleum, das Wasserzapfen mit Handpumpe und die Notdurft in einen Eimer, der täglich geleert wurde. Zusätzlich gab es drei Krankenzimmer und einen Betsaal.

In der NS-Zeit wurde die Strafanstalt Preungesheim Hinrichtungsstätte für Widerstandskämpfer und andere zum Tode Verurteile aus ganz Hessen. Schon das Abhören von Feindsendern konnte das Todesurteil nach sich ziehen. Als Begründung zu dieser Strafe galt die Vorbereitung zum Hochverrat, Fahnenflucht, Rassenschande, Wehrkraftzersetzung, Sabotage und ähnliches. Mehr als 500 Menschen endeten hier unter dem Fallbeil oder wurden erhängt. Das Anatomische Institut der Universität bedankte sich für die Lieferung der Leichen Hingerichteter und empfahl einmal auch die Anschaffung eines besseren Messerblocks für das Schafott. Den Opfern des Widerstandes ist vor der JVA ein Mahnmal gewidmet.

Unmöbliert
Die Stalburg

Nordend, Glauburgstraße 80

Die Stalburg, das ist heute eine Gaststätte und Gartenwirt-schaft mitten im Frankfurter Nordend. Die Anlage wirkt etwas altertümlich in dieser teuren Wohngegend. Im Saal nebenan befindet sich das Stalburg-Theater, eine Bühne für Kabarett, Theater und Musik. Im Sommer begibt sich das Stalburg-Thea-ter an die frische Luft und wirkt als STOFFEL im oberen Ab-schnitt des Günthersburgparks.

Zwischen Alleenring und Anlagenring liegt an dieser Stelle das nördliche Ende von Frankfurt, eben das Nordend. In älterer Zeit war dies das Gebiet zwischen Festungswällen und der Land-wehr mit seinen Äckern und Feldern. Frankfurter Patrizier leg-ten hier im späten Mittelalter ihre Gutshöfe an. So gab es den Holzhausenschen Hof, den Adlerflychthof, den Stalburgischen Hof, den Bertramshof, den Knoblochshof und den Kühhornshof.

Der Hof der Stalburg bestand aus einem festen Haus im Wei-her, war also eine kleine Wasserburg. Über eine Zugbrücke ging es in den Park. Das Anwesen war Landsitz des Kauf-manns Claus Stalburg (1469-1524). Ein Bild von ihm befindet sich im Städel. Bei der Belagerung Frankfurts durch die Pro-testanten im Jahr 1552 ging die Stalburg in Flammen auf.

Nach Aussterben der Stalburgs kam die Stalburg, wie alle Frankfurter Parks, in den Besitz der Familie Rothschild. Diese verkaufte sie 1879 an eine Bank, welche das Gelände parzel-lierte und bebauen ließ. Im befestigten Wohnhaus wurde eine Bierwirtschaft mit dem Namen „Zur Stalburg" eingerichtet. Spuren der mittelalterlichen Mauern sind dort heute noch im Keller zu sehen.

Unmöglich
Exzess-Halle

Bockenheim, Leipziger Straße 91/Mühlgasse

Macht man das mit einem historischen Gebäude? Nein! In einer Seitenstraße der Leipziger Straße steht ein Gebäude, das in den eleganten Formen des späten Klassizismus gebaut wurde. Teile der Fassade sind herausgebrochen, schlecht geflickt, Lüftungsrohre ziehen sich darüber, Graffiti geben dem Bau eine zusätzlich wenig klassizistische Ausstrahlung. So steht der lang gestreckte Bau jetzt da.

Errichtet wurde das Gebäude als Gaststätte mit großem Saal und Kegelbahn, wie es Mitte des 19. Jahrhunderts üblich war. In der Zeit des Ersten Weltkrieges diente die Halle als Lazarett. 1922 wurde der Saal zu einem Kino umgebaut. Kinos sprossen allerorten in Frankfurt empor, recht billig und so für jede Frau und jeden Mann erschwinglich. Der große Saal hatte über 500 Plätze. Hier waren von 1922 bis 1966 die „Schwanen-Lichtspiele" der Familie Wink, die, nach der teilweisen Zerstörung des Gebäudes, von 1946 an das Kino weiter betrieben.

Ab 1966 beherbergte der Bau eine Großbäckerei, die bis in die 1990er Jahre hier tätig war. Seit einem weiteren Umbau 1993 wird das Gebäude als Spielstätte der „Dramatischen Bühne" genutzt.

Unter dem gesamten Komplex befindet sich ein großartiger Gewölbekeller, der leider aus Gründen der Sicherheit nicht mehr zu benutzen ist. Alle Nutzungen haben am Gebäude Spuren hinterlassen. Geschunden steht das Gebäude in Bockenheim. Eine denkmalgerechte Sanierung ist für dieses, in seiner Art seltene Gebäude dringend erforderlich.

Unmoral
Huren im Rosental

Innenstadt, Berliner Straße

Dass die Prostitution in Frankfurt auf eine lange Tradition zu-
rückblicken kann, nimmt nicht wunder. Der Ort historischer
Mega-Ereignisse wie die Reichsmessen und die Kaiserkrönun-
gen benötigte schließlich eine entsprechende Infrastruktur.
Das Mittelalter verbannte die Huren auch nicht in finstere
Winkel und versteckte Orte. Sie lebten mitten in der Stadt, hier
und da über das Stadtgebiet verteilt. Dies missfiel dem Rat
der Stadt irgendwann einmal, die Prostitution sollte konzentriert und damit auch mehr kontrolliert werden. Daher verlegte der Rat sie per Dekret dorthin, wo sie schon immer hei-
misch war, ins Rosental.

Das Rosental ist ein kleines Gebiet der Innenstadt mit der Ro-
sengasse im Zentrum. Zum Umfeld gehört das Gebiet von der
Katharinenpforte über den Kleinen und Großen Hirschgraben
bis zum Faulpumpe und der Schüppengasse. Hier steht heute
das verlassene Gebäude des Bundesrechnungshofs. Im Rosental gab es schon seit dem 14. Jahrhundert privat betrie-
bene Prostitution und auch ein reguläres Bordell. Später lock-
ten zwei Frauenhäuser zu Messezeiten die vielen Gäste.

Doch die offizielle Prostitution gedieh nur noch ein Jahrhundert ungestört im Rosental. Syphilis und Protestantismus
machten ihr um 1560 den Garaus. Das letzte öffentliche Bordell wurde geschlossen, was naturgemäß nicht das Ende der
Prostitution bedeutete. Nach 1870 wurde die Ankergasse zur
Bordellgasse erklärt. Mit der beginnenden „Gesundung" der
Altstadt wurden die Bordelle 1922 aufgehoben. Die Bomben
des Zweiten Weltkriegs machten den Platz für den Bundesrechnungshof frei.

Unmut

Der Sperrbatzen-
krawall

Ostend, Allerheiligenstraße

Im Frankfurt des 19. Jahrhunderts gab es offizielle Zeiten der Torsperre. Wer nach Schließung der Tore noch in die Stadt wollte, musste eine Gebühr von einem Batzen (4 Kreuzer) zahlen. Manchen Spätheimkehrern war das zu viel. Sie kletterten an geeigneten Stellen über die Stadtmauer. Der Dichter Friedrich Stoltze empfahl dafür den Weg über das Dach des Guiolett-Tempelchens am Rechneigraben.

Am ersten Herbsttag des Jahres 1831, wir schreiben den 24. Oktober, wurden die Stadttore zu früh geschlossen. Die Rückkehrer aus den Wirtshäusern der Dörfer verweigerten den Batzen. Es kam zum Tumult vor dem Allerheiligentor. Stadtbewohner von innen und Zecher von außen rüttelten am Tor, bis es aufbrach. Die Obrigkeit rief Soldaten des Linienbataillons herbei, die mit Bajonetten gegen die Menge vorgingen. Dabei wurden einige Menschen schwer verletzt.

Am nächsten Tag eskalierte die Gewalt. Zwar blieben nun die Tore bis 9 Uhr abends geöffnet. Doch Passanten verübten Übergriffe auf das verhasste Linienmilitär, das aus auswärtigen Söldnern bestand. Es fielen Schüsse. Der Steinmetzmeister Koch und zwei Soldaten kamen ums Leben. 24 Personen wurden verhaftet und zu hohen Zuchthausstrafen verurteilt.

Um die Frankfurter auch nachts unter Kontrolle zu halten, dachten sich Bürgermeister und Rat die Laternenverordnung aus. Sie lautete: „Ueberdies ist jeder, der nach 10 Uhr abends über die Straße geht, gehalten mit einer Laterne mit brennendem Lichte versehen zu seyn."

Unnötig
Der Fluchtlinien Plan

Nordend, Oederweg, unterer Teil

Verkehrsgerecht – so lautete das Schlagwort der Frankfurter Verkehrsplanung der Nachkriegsjahre. Die Rechtsgrundlage für die neuen Fluchtlinien (Hausbau in Fassadenreihen) wurde mit rigiden Enteignungsgesetzen möglich. Grundstückseigentümer konnten gezwungen werden, Teile ihres Besitzes für die Verbreiterung von Straßen abzugeben. Der Frankfurter Stadtrat Moritz Wolf schrieb 1952 hierzu: „Damit hatte Frankfurt, als erste deutsche Großstadt, die vollgültigen Grundlagen für die Durchführung der neuen Fluchtlinien in den Wiederaufbaugebieten geschaffen."

Verklausuliert wurde die Enteignung als „Baulandbeschaffung" bezeichnet. Klare und zügige Verkehrsführung stand im Vordergrund der Stadtplanung. Straßen wurden großzügig über den alten Stadtplan hinweg geplant und ausgeführt. Die Berliner Straße, die Konrad-Adenauer-Straße und die Kurt-Schumacher-Straße wurden diesem Plan folgend gebaut. Die verbliebenen historischen Straßen wurden, die Gesetze machten es möglich, teilweise verbreitert. Die Zeil wurde nach Süden acht Meter, die Freßgass' sechs Meter, die Töngesgasse vier Meter breiter.

All dies geschah ohne Rücksicht auf noch eventuell vorhandene historische Bebauung, die den Krieg überstanden hatte. Eine Straße, an der das Scheitern des Planes zu sehen ist, ist der Oederweg. Fährt man vom Eschenheimer Turm kommend nach Norden, so fällt auf, dass auf der rechten Seite die Fassaden der Häuser teilweise zurückspringen. Allerdings nicht in jedem Falle. Manche Hausbesitzer haben gegen die Enteignungen gekämpft und so stehen hier noch gründerzeitliche Häuser mit schöner Werksteinfassade.

Unplatziert
Der Zeppelin-Gedenkstein

Rebstock, Am Dammgraben

Die erste Weltluftfahrtschau aller Zeiten fand in Frankfurt statt. Ort des Geschehens war das Rebstockgelände. 1,5 Millionen Menschen sahen die Vorführungen von Ballons, Luftschiffen und Flugzeugen. Die „Internationale Luftschiffahrts-Ausstellung" (ILA) dauerte vom 10. Juli bis 17. Oktober 1909. Sie war das größte touristische Ereignis des Jahrzehnts.

Der Held des Ereignisses war zweifellos der Zeppelin. Ferdinand Graf von Zeppelin hatte in Friedrichshafen begonnen, motorisierte Luftschiffe mit starrer Hülle zu bauen. Damit erhob er sich erstmals im Jahr 1900 in die Lüfte. Die große Attraktion in Frankfurt war die Landung der LZ 5-Z II am 31. Juli 1909 um 15.30 Uhr am Dammgraben auf dem Rebstockgelände. Der Landung des Luftschiffs auf dem Rebstockgelände wurde zwei Jahrzehnte später ein Gedenkstein gewidmet. Die feierliche Enthüllung der rechteckigen Stele aus Muschelkalk geschah am 10. November 1929.

Gerade in diesem Jahr entfachte sich der Hype um die Zeppelin-Luftschiffe neu. Die LZ 127, erbaut 1928, unternahm im August 1929 eine Erdumrundung. 1930 fuhr sie regelmäßig im Transatlantikdienst und unternahm 1931 einen Polarflug.

Der Zeppelin hat also seinen Gedenkstein. Keinen Gedenkstein gibt es allerdings dort, wo der erste Flug in deutscher Luft überhaupt stattfand. In Bornheim nämlich. Der französische Luftschiffer Jean Pierre Blanchard inszenierte mit drei Gulden Eintritt 1785 auf der Bornheimer Heide den Aufstieg mit einem Heißluftballon. Guter Wind trieb ihn nach Weilburg, wo er auf einer Wiese landete.

Unrasiert
Paul Ehrlich

Sachsenhausen, Paul-Ehrlich-Straße 44

Der letzte 200 Mark-Schein vor der Einführung des Euro war Frankfurt gewidmet. Oft hatten wir diese merkwürdige Banknote nicht in der Tasche, schon eher den blauen Hunderter mit Clara Schumann, auch sie eine Frankfurterin. Auf dem roten Schein sah man ein größeres Ensemble von Frankfurter Bauten, vor allem aber einen bärtigen Herrn mit Brille, den Mediziner Paul Ehrlich (1854-1915).

Geboren in Schlesien als Sohn eines Likörfabrikanten jüdischen Glaubens, bestand er in Breslau nur mit Mühe das Abitur. Paul Ehrlich studierte Medizin, war ein Schüler und Bewunderer Robert Kochs und Freund Emil von Behrings. 40-jährig galt Paul Ehrlich schon als Serologe und Immunologe von Weltruf.

Franziska Speyer, die Witwe des Bankiers Georg Speyer, spendete 1904 eine Million Goldmark für medizinische Forschungen. Verwandt mit ihr ist der amerikanische Geschäftsmann Jerry Speyer, Bauherr des Messeturms und des Opernturms und Eigentümer des Chrysler Buildings und des Rockefeller Centers in New York.

Die Stadt Frankfurt stellte Franziska Speyer ein Grundstück für eine neue Forschungseinrichtung zur Verfügung. Es lag in Sachsenhausen unmittelbar neben dem „Königlichen Institut für experimentelle Therapie" in der Sandhofstraße 44. 1906 wurde das „Georg-Speyer-Haus" eingeweiht. Erster Direktor wurde Paul Ehrlich. Dort entwickelte er das Mittel Salvarsan gegen Syphilis. Damit hatte er das erste Chemotherapeutikum hergestellt. 1908 erhielt Paul Ehrlich den Nobelpreis für Medizin.

SCHILLER
MIT STREICHER
AUF DER
FLUCHT
1782

Unrast
Die Schillerruhe

Sachsenhausen, Darmstädter Landstraße

„Schiller mit Streicher auf der Flucht 1782" steht auf einem Gedenkstein im Sachsenhäuser Stadtwald. Die sogenannte Schillerruhe. Davor zwei Bänke. Umgeben von infernalischem Lärm. Oben die Einflugschneise, im Eck zwischen A3 und Darmstädter Landstraße, vorne quietscht die Tram.

Im Nationaltheater zu Mannheim wurde im Jahre 1782 Schillers erstes Drama „Die Räuber" uraufgeführt. Schiller selbst war anwesend und erlebte eine bewegende Premiere. Er beschrieb das so: „Das Theater glich einem Irrenhause, rollende Augen, geballte Fäuste, stampfende Füße, heisere Aufschreie im Zuschauerraum."

Erheblich weniger Begeisterung löste das Stück bei seinem Dienstherrn, dem Herzog Carl Eugen von Württemberg aus. Wegen unerlaubter Entfernung aus Stuttgart verurteilte er ihn in Abwesenheit zu 14 Tagen Arrest. Schiller wollte nicht mehr zurück, sondern setzte seine Flucht fort. Auf der Strecke zwischen Darmstadt und Frankfurt verbrachte er mit seinem Freund Andreas Streicher (1761-1833) eine Nacht im Frankfurter Stadtwald nahe der Darmstädter Landstraße. Am nächsten Tag nahmen Schiller und Streicher in Sachsenhausen Quartier.

In Gedenken an diese Rast in freier Natur wurde hier 1860 ein Gedenkstein errichtet. Dieser Platz, nun „Schillerruhe" genannt, wurde 1959 neu gestaltet und der Stein erneuert. Die Schillerruhe findet man, wenn man vom Frankfurter Haus an der Grenze zu Neu-Isenburg etwa 10 Minuten auf der rechten Seite der Darmstädter Landstraße folgt und die A3 unterquert. An der Schillerschneise geht es rechts herein Richtung Kesselbruchweiher und nach 100 m findet man die Gedenkstätte.

Unruhe
Der Bierkrawall von 1873

Innenstadt, Fahrgasse

Natürlich wieder die Preußen. Bierpreiserhöhung in Frankfurt, es gibt Krawall, preußisches Militär schießt, 20 Tote. Der Grund war die Erhöhung des Bierpreises der Frankfurter Brauerei-gaststätten von einem Batzen (= 4 Kreuzer) auf 4 1/2 Kreuzer. Es mussten zunächst 5 Kreuzer gezahlt werden, wobei man eine Marke im Wert von 1/2 Kreuzer zur Einlösung erstattet bekam. Die gefühlte Preiserhöhung lag damit bei 25 Prozent.

Am letzten Tag der Frühjahrsmesse, dem 21. April 1873, war arbeitsfrei. Im Bleichgarten an der Alten Gasse nahe der Konstablerwache fand ein Volksfest statt. Zunehmender Bierkonsum führte zu agressiver Stimmung. Um vier Uhr nachmittags bildete sich ein Protestzug von über 100 Personen. Ein roter Vorhang diente als Fahne. Für die Obrigkeit der Beweis für einen linken Umsturzversuch. Mit dem Schlachtruf „Mir wolle Batzebier!" bewegte sich die Menge Richtung Innenstadt. Sie zerschlug die Einrichtung von Brauereigaststätten und kippte Bier auf die Straße.

Die städtische Polizei mit ihren 52 Männern war überfordert. Preußische Soldaten mussten her. Die Soldaten marschierten durch die Kleine Friedberger Gasse und bogen in die Fahrgasse ein, wo sie mit Steinen beworfen wurden. Eine erste Salve schossen die Soldaten in die Luft. Die zweite Salve ging in die Menge. 47 Aufständische wurden verurteilt, mit bis zu 4,5 Jahren Gefängnis. Die Sprecher der Brauer-Vereinigung, Conrad Binding und Christian Henninger, nahmen die Bierpreiserhöhung anschließend zurück.

Unsäglich
Die Riederhöfe

Ostend, Hanauer Landstraße/Ratswegkreisel

Mit dem Namen „Riederhöfe" verbindet sich einer der prominentesten Unorte Frankfurts, der schaurige Straßenbahnzuweg am Ratswegkreisel. Namengebend für diese Sehenswürdigkeit freilich ist ein historisches Gebäude mit mittelalterlichen Wurzeln.

Die Stadt Frankfurt war im Mittelalter von einem Ring befestigter Warten und Höfe umgeben. Die beiden Riederhöfe sicherten das Frankfurter Gebiet in Richtung Hanau. Ersterwähnung und Errichtung der ältesten Gemäuer stammen noch aus der Stauferzeit. Bestandteil der Anlage war eine Kapelle, die eine gewisse Ähnlichkeit mit der Saalhofkapelle hat. Darüber hinaus hat die ganze Anlage mit dem Saalhof vergleichbare Dimensionen, so dass es sich bei den Riederhöfen durchaus um staufisches Königsgut handeln könnte.

Wie anderer Königsbesitz auch kamen die Riederhöfe im 13. Jahrhundert in den Besitz von Frankfurter Patriziern. Im Spätmittelalter bekamen die Riederhöfe eine Warte, womit sie ein fester Platz der Frankfurt weiträumig umspannenden Landwehr wurden. 1486 kaufte das Frankfurter Hospital zum Heiligen Geist die Riederhöfe.

Noch um 1900 existierte hier das romanische Herrenhaus, der älteste Profanbau Frankfurts. Zu seiner Erhaltung wurde sogar die Straßenführung der Hanauer Landstraße geändert. Das Gebäude wurde 1944 bei den Luftangriffen beschädigt, aber erst die Baumaßnahmen der Nachkriegszeit machten ihm endgültig den Garaus. Was wir heute noch sehen, wenn wir es denn sehen, ist die frei stehende Ruine der spätgotischen Toranlage in unsäglich jämmerlicher Erscheinung.

Unschätzbar

Goethes unglückliche Liebe

Innenstadt, Mainkai

Das Stadthaus des Bankiers Willemer, genannt „Zum Roten Männchen", lag unmittelbar außerhalb des Fahrtors beim großen Hafenkran. Im September 1815 besuchte Goethe wieder einmal seine Vaterstadt. Er wohnte bei Willemers und lobte den Blick aus dem Haus auf den Main hinaus. An seine Frau Christiane schrieb er: „Gegenwärtig bin ich in der Stadt, allein in Willemers Wohnung, deren unschätzbare Aussicht Du kennst. Von morgens bis abends ists unter meinem Fenster lebendig."

Im Jahr zuvor hatte Goethe in Wiesbaden Willemer „mit seiner kleinen Gefährtinn" kennengelernt. Marianne Willemer war 30 Jahre alt. Fünfzehn Jahre zuvor galt das Verhältnis des Bankiers mit der 14-jährigen Theatertänzerin als skandalös, die Einschätzung der Beziehung reichte von Pflegekind bis Maitresse. Das Zusammenleben wurde im September 1814 durch Heirat legitimiert. Goethe besuchte das Paar zu Hause und bezeichnete die gemeinsam verbrachten Stunden als unvergesslich.

Vom Kuraufenthalt in Wiesbaden wiederkommend nahm der Dichter 1815 fünf Wochen Aufenthalt in Frankfurt. Er wohnte bei den Willemers in der Gerbermühle und feierte dort am 28. August seinen 66. Geburtstag. Marianne Willemer und Goethe gingen am Mainufer spazieren, sie las ihm vor und sang für ihn. Dem Dichter wurde das Ganze jedoch nach einigen Tagen zuviel. Es zog ihn weg in die Stadt. Willemer stellte ihm dafür sein Stadthaus „Zum roten Männchen" zur Verfügung. Am 18. September 1815 verließ Goethe Frankfurt für immer.

Unsichtbar
Gaststätte Karussell

Innenstadt, Porzellanhofstraße 10

Blaumänner, beige Anzüge, hautenge Hosen und Rüschen-hemden. Das war in den 70er Jahren der Dresscode für das schwule Publikum des Lokals „Karussell" in der Porzellanhof-straße. Auf dem Tisch Hackbraten und Kartoffelsalat – gutbür-gerlich, Stammessen und Stammtisch. Passend die Wände mit dunkler Blümchentapete und eine mit Spiegelmosaik verse-hene Säule in der Mitte.

Hier trafen sich seit 1956 die Verkäufer, die Dekorateure aus den Kaufhäusern, aber auch die Dreher und Arbeiter aus dem schwulen Milieu. Manchmal auch jemand aus dem nahe gele-genen Gericht. Das Karussell war der gemütliche Treffpunkt der schwulen Unterschicht Frankfurts. Aber auch die Älteren, die vielleicht nicht mehr „jedem" hinterher sahen, waren hier richtig. Rings herum war es bis 1969 immer noch möglich,„er-wischt" zu werden. Verurteilung wegen Verstoßes gegen den § 175 drohte. Razzien waren in Frankfurt zwar selten, sorgten aber dennoch für eine anhaltende Angst in der Szene.

Vom Vorbesitzer des Karussells in den 50er Jahren vererbt, betrieb Jochen H. den Laden weiter. Zu den Parties, Fummel-Shows und dem Oktoberfest im Karussell traten auf der winzi-gen Bühne die Travestiestars als Rita Pavone, Gitte und Zarah auf. Glitzer und Glamour in der kleine Welt.

In den späten 1980er Jahren wurde AIDS ein Thema, und auch hier starb das Publikum weg. Heute erinnert in der eher grauen Porzellanhofstraße nichts an diesen bunten Treff, höchstens die bunten Stoffballen im indischen Stoffladen.

Unsühnbar
Die Auschwitz-Prozesse

Gallus, Frankenallee 111

Das Bürgerhaus Gallus war der Schauplatz eines der wichtigsten Prozesse der deutschen Geschichte, dem sogenannten 1. Auschwitzprozess. Es wurden gegen die Personen ermittelt, die persönlich in Auschwitz Verbrechen begangen haben sollten. Die Federführung bei den Ermittlungen lag in Händen des hessischen Generalstaatsanwalts Fritz Bauer, der selbst Jude und in Haft gewesen war.

Die Verhandlungen begannen am 20. Dezember 1963 im Stadtverordnetensaal des Römer. Dieser Saal war den Anforderungen nicht gewachsen, sodass das Gericht im April 1964 in das Haus Gallus umzog. Durch Umbauten wurde Platz für 87 Prozessbeteiligte, 124 Pressevertreter und 143 Zuhörer geschaffen. Zu Letzteren gehörten unter anderem Arthur Miller, Marie Louise Kaschnitz, Martin Walser und Peter Weiß. Die Post richtete ein kleines Vermittlungsamt mit 20 Telefonanschlüssen und zehn Fernschreibern ein.

22 Angeklagte saßen auf der Bank. 360 Zeugen wurden vernommen, von SS-Männern bis zu ehemaligen Häftlingen. Eine Delegation des Gerichts reiste nach Auschwitz, um die Anlagen, in denen inzwischen ein Museum eingerichtet war, selbst anzusehen. Die Beweisaufnahme war nach 156 Prozesstagen abgeschlossen. Die Urteilsverkündung dauerte zwei Tage. Der Richter verkündete zehn lebenslängliche Zuchthausstrafen und elf Freiheitsstrafen zwischen 3,5 und 14 Jahren, drei Angeklagte wurden mangels Beweisen freigesprochen. Ein Denkmal vor dem Haus Gallus erinnert an diesen Prozess unsühnbarer Verbrechen.

Untäter
Gestapo-Leitstelle Frankfurt

Westend, Lindenstraße 27

Es ist eine der schönsten Villen im Westend. Die Cronstetten- und Hynspergische Stiftung, ein Damenstift der alten Frankfurter Familien, erbaute das Haus 1897. 1939 warf die Gestapo einen Blick auf das schöne Haus und erzwang den Verkauf. Sie richtete hier ihre Zentrale für den Regierungsbezirk Wiesbaden ein. Bis zu 140 Menschen waren hier und im Nachbarhaus beschäftigt.

Der Gestapo-Leitstelle oblag die weiträumige Organisation der Verfolgung. Im Keller gab es drei Haftzellen. Dort wurden unzählige Verdächtige verhört, geprügelt und gefoltert. Im Blick der Untäter standen Kommunisten, Widerstandskämpfer, Homosexuelle, Gewerkschaftler, Demokraten, Juden und Künstler.

Häftlinge wurden in der Lindenstraße 27 zwar verhört, aber nicht dauerhaft eingesperrt. Dafür standen Polizeigefängnisse im Klapperfeld und auf dem VDM-Gelände in Heddernheim zur Verfügung sowie weitere Gefängnisse in der Hammelsgasse, der Rödelheimer Straße 10-12 und der Gutleutstraße 13.

Im September 1944 brannte bei einem Bombenangriff das Dachgeschoss aus. Am 26. März 1945 verließen die letzten Gestapo-Männer fluchtartig das Gebäude. Wenig später war hier kurzzeitig der Amtssitz des neuen Oberbürgermeisters von Frankfurt. Nach dem Krieg bekamen die Damen ihr Haus zurück. Sie vermieteten es an die Kreditanstalt für Wiederaufbau und an das Braunschweiger Bankhaus Löbbecke. Heutiger Mieter ist die ehrwürdige Privatbank Merck, Finck & Co. Eine Gedenktafel erzählt die wechselvolle Geschichte der Gründerzeitvilla.

Untat

70.

Die Handgranate
in der Christmette

Sindlingen, Sindlinger Bahnstraße 44

Die evangelische Kirche von Sindlingen ist ein schönes Gebäude. Erbaut 1906/1907 von dem Architekten Alfred Günther
und finanziert durch die Familie von Meister, erinnert ihr Turm
an den Rententurm des Frankfurter Saalhofs.

Tatort war die Christmette am 24. Dezember 1996. Um 23.15
Uhr sang die aus etwa 70 Personen bestehende Gemeinde „Es
ist ein Ros entsprungen". In diesem Augenblick zündete eine
49-jährige Frau eine jugoslawische Handgranate vom Typ M
52. Zwei Exemplare davon hatte sie in ihrem Mantel vorbor-
gen. Eine Detonation erfüllte das Kirchenschiff. Sie tötete die
Selbstmörderin und zwei weitere Personen. Holzsplitter, Blut
und Qualm erfüllten das Kirchenschiff. Panik brach aus. Das
Gotteshaus bot ein Bild des Grauens. Dreizehn weitere Menschen wurden schwer verletzt. Feuerwehr und Notärzte machten sich sofort an die Versorgung der Opfer.

Die Polizei löste zunächst eine Ringfahndung aus. Dann stellte
sie fest, dass es sich um eine Selbstmordattentäterin handelte.
Die Selbstmörderin wohnte in Neu-Anspach, hatte aber mehrere
Jahre zuvor in einem Hochhaus in Sindlingen gelebt. Dort hatte
sich ihr 18-jähriger Sohn vor einen Zug geworfen. Sie war geistig
verwirrt, litt unter Verfolgungswahn und war gewalttätig. Seit
Längerem befand sie sich in psychiatrischer Behandlung.

Einige Wochen vorher war im Fernsehen ein Film der Krimi-
serie „Rosa Roth" mit Iris Berben zu sehen gewesen. Darin
tötete sich ein Gangster ebenfalls mit Handgranaten selbst.
Ort dieser Handlung war eine Kirche am Heiligen Abend.

Untendrunter
Das Fischergewölbe

Innenstadt, Mainkai, Alte Brucke

Hinter einer Stahltür verbirgt sich ein wenig bekanntes historisches Bauwerk Frankfurts, das Fischergewölbe. Dies ist der letzte Rest der „alten" Alten Brücke von 1826. Betritt man die Gewölbe, so wird der Eindringling erst einmal von Dunkelheit umgeben. Ein muffiger, warmer Geruch erfüllt den Raum. Im Licht der Taschenlampe zeigen sich große Tonnengewölbe, die sich unter der Fahrbahn zur Alten Brücke befinden. Unter der Fahrbahn, die über die Brücke führt, liegt wahrscheinlich noch der Rest des 1801 abgebrochenen Frankfurter Brückenturms. Eine Kopie des Bauwerkes ist der kleinere der beiden Rathaustürme des Rathaus-Neubaus von 1904.

Die vier Fischergewölbe waren unter der Rampe zur Alten Brücke angelegt worden. Die Frankfurter Fischer lagerten hier ihre Kähne. Vom Main führten schmale Stichkanäle in die Gewölbe, die bis zur Höhe des Maines geflutet waren. Umläufe und Holzstege ermöglichten es den Fischern, ihre Werkzeuge, Netze und Kähne zu lagern und zu reparieren. Damit das Mainufer nutzbar blieb, wurden diese Kanäle durch Holzbohlen abgedeckt, die entfernt wurden, wollte man die Kähne in das Gewölbe schieben. Heute sind die Kanäle und die Zugänge bis auf die Höhe der Uferböschung zugeschüttet.

Die vier in Sandstein und Bruchstein ausgeführten Gewölbe sind sicher eine unbekannte Sehenswürdigkeit. Wegen der Nähe zum Main eignen sich die Gewölbe allerdings nicht zu einem dauerhaft zu nutzenden Ort, etwa für eine Restaurant, denn Hochwasser würde die Räume fluten.

Untererde
Bastion

72

Innenstadt, Taunusanlage

Mit verschränkten Armen steht ein muskulöser Beethoven auf dem kleinen Hügel. Wüsste man, was sich unter der von Georg Kolbe geschaffenen Figur verbirgt, wünschte man sich starke Hände, um den Hügel von Erde zu befreien. Hier befindet sich eine der großen Schanzen als Teil der Befestigungsanlagen, die der Festungsingenieur Johann Wilhelm Dillich (1600-1657) geplant hatte. Diese Bastionen waren Teil des Systems aus Verbindungsgängen, Kasematten, Wassergräben und Schanzen. Davor lag das Glacis, ein Bereich, der möglichen Angreifern keine Deckung bieten sollte.

Die Befestigungsanlagen verloren im 18. Jahundert zunehmend ihre Bedeutung, und so war es nur konsequent, diese niederzulegen. Dies geschah auf französischen Rat hin nach 1802. Auch sollte verhindert werden, dass die Stadt sich hinter den Mauern noch verteidigen konnte, so unzureichend sie auch sein mochten. Die Frankfurter waren letztlich über das Niederlegen der Anlage froh. Die ehemaligen Wallanlagen wurden bis 1812 gärtnerisch wohlgestaltet zum Anlagenring umgebaut.

Die Bastion Dillichs wurde mit Erde bedeckt. Auf diese Weise entstand ein kleiner Hügel. Auf dem Bergesgipfel befand sich bis 1948 ein kleines Kaffeehaus im sogenannten Schweizer Stil. Unter den Frankfurtern war es ein sehr beliebtes Ausflugslokal. Heute wird diese Stelle durch das Beethovendenkmal markiert. Nicht weit entfernt befindet sich nördlich der Schanze ein kleiner Hügel mit Bänken. Hier soll sich noch der Eingang zu weiteren historischen Anlagen befinden.

Unterführung
Die Dornbusch-Kreuzung

73

Am Dornbusch, Marbachweg

Zugegeben, an die Schauderqualität der Riederhöfe-Unterführung reicht sie nicht heran. Sie ist sauberer, heller, freundlicher, breiter und vor allem: Sie ist länger. Die Dornbusch-Unterführung ist die längste! Von der Haltestelle „Dornbusch" kommt man erst einmal nicht richtig weg. Auf beiden Seiten rauscht die Eschersheimer Landstraße. Eine elegante Felge über die Absperrung auf die Straße ist für Geübte zwar möglich, aber nicht ganz ungefährlich. Auf der U-Bahntrasse liegen inzwischen vier Linien, es ist also immer eine Bahn in Sicht. Sie schneidet den Dornbusch nachhaltig. Eine kommunikative Verbindung zwischen dem Osten und Westen des Stadtteils ist die Unterführung nicht eigentlich.

Aber sie wurde mit einem Kunstwerk versehen, um auch für die Passanten angenehmer zu wirken. Im Zuge der künstlerischen Aufwertung alter U-Bahn-Stationen entstand 1992 eine Keramikarbeit des polnischen Künstlers Peter Pininski mit dem Titel „Menschenfamilie". Sie zieht sich als Gesamtkunstwerk durch die ganze Station mit allen Abzweigen und Ausgängen. Auf Decke und Boden wurden rosa Kacheln angebracht, das weibliche Prinzip symbolisierend, sowie hellblaue Kacheln für das männliche Prinzip. Bei den Handläufen ist der männliche Abschnitt eckig und der weibliche Abschnitt rund, naturgemäß.

Das riesige Deckengemälde über dem Kopf, Messingbänder in der Keramik zu den Füßen, überall ist etwas zu schauen. In der langen Röhre will nicht recht die Angst aufkommen, hier wurde sie von der Kunst besiegt. Und so geleitet das Großkunstwerk Dornbusch-Unterführung die Passanten bis ins Helle, wo ein geschwungener Eingang sie erwartet.

Untergegangen
Altstadtspolien

74

Bockenheim, Landgrafenstraße 14

Am 22. März 1944 ging die Frankfurter Altstadt im Feuersturm unter. Frankfurt verlor seine einmaligen Fachwerkbauten. Die für die Altstadt üblichen Fachwerkhäuser wurden häufig auf feuerfesten Gewölben gebaut. Viele dieser Erdgeschosse blieben nach dem Brand erhalten. Die Frankfurter richteten sich in den Ruinen ein. Anfang der 1950er Jahre wurde mit einer groß angelegten Neuplanung der Zuschnitt des Frankfurter Stadtkerns verändert. Viele der Reste der historischen Gebäude wurden abgerissen, von der Frankfurter Trümmerverwertungsgesellschaft (TVG) gemahlen, mit Beton vermischt und zu neuen Hohlblocksteinen gegossen. Damit wiederum wurden in Frankfurt viele Häuser neu errichtet.

Aussortiert davon wurden nur besondere Stücke der alten und historisch wertvollen Häuser. Diese wurden von der TVG zum Kilopreis an Privatleute verkauft. Andere Stücke wurden eingelagert und gelangten auf diese Weise in den Besitz des Historischen Museums. Das Erdgeschoss der „Goldenen Waage", Portale aus der Alten Mainzer Gasse und andere Spolien wurden von Bewohnern des Frankfurter Umlands erworben. Dort zieren sie heute noch manchen Garten.

Eine große Zahl solcher alter Bauskulpturen befindet sich heute in einem Hof in Bockenheim. Ein Liebhaber des alten Frankfurts hat etwa 50 solcher Ziersteine in der Fassade eines Anbaus verbaut. Es sind dort Katzen, Figuren, Wappensteine und Ähnliches zu finden. So hat sich ein Teil der Frankfurter Altstadt nach Bockenheim gerettet.

Untergehen
Der Brickegickel als Hinrichtungsstätte

Innenstadt, Alte Brücke

Seit alten Zeiten ziert ein Brückenkreuz mit dem Corpus Jesu die Alte Brücke. Oben auf dem Kreuz befindet sich ein vergoldeter Hahn, der sogenannte Brickegickel. Bei der Errichtung der Brücke schloss der Baumeister einen Pakt mit dem Teufel. Dieser sollte das erste lebende Wesen bekommen, das über die Brücke ging. Es war ein Hahn. Dieses heroische Tier wurde folglich vom Teufel geholt. Die Brücke war aber auch Hinrichtungsstätte. Das Kruzifix versprach den Verurteilten Vergebung und göttliche Gnade.

Für die Brücke galt die Brückenfreiheit. Wer auf der Brücke ein Verbrechen beging, etwa eine Rauferei oder einen Diebstahl, dem wurde die Hand abgehackt. Auf der schmalen Brücke gab es nämlich oft Stauungen und Gedränge, die zu Handgreiflichkeiten führten. Die häufigste Form der Hinrichtung im mittelalterlichen Frankfurt aber war der Tod durch Ertränken. Diese Strafe wurde auf der Alten Brücke vollzogen.

Die Strafe durch Ertränken wurde für Kindsmord, Abtreibung, Vergiftung und Blutschande verhängt. Der oder die zum Tode Verurteilte verbrachte seine letzte Nacht in einer Zelle im Brückenturm. Die Hinrichtung fand nachts statt, um den üblichen Menschenauflauf zu vermeiden. Der arme Sünder wurde zur Mitte der Brücke gebracht und an Armen, Beinen, Knien und Hals gefesselt. Dann legte man ihn auf ein Brett und schob ihn über das Geländer. Die Strömung erfasste den Delinquenten und er ertrank. Wenn der Wasserstand hoch war und die Leiche weit abtrieb, war damit die Sache erledigt. Gelangte sie aber noch auf Frankfurter Gebiet ans Ufer, dann wurde die Leiche beim Gutleuthof begraben.

Untergestellt
Edle Pferdeställe

Westend, Ulmenstraße, Niedenau, Feldbergstraße

Im alten Westend muss es sehr fein zugegangen sein. Es gab kaum Geschäfte im teuren Westend, dafür war die sogenannte Freßgass' da. Dort in der Altstadt waren die Grundstücke billiger und so schickte der Westend-Bürger die Bediensteten zum Einkaufen „in die Stadt".

Bis vor einigen Jahren hat sich im Westend davon noch etwas erhalten. In den Briefkästen waren weitere kleine Klappen eingebaut, in die hinein man Brötchen und Milchflaschen stellen konnte. Zu den herrschaftlichen Häusern gehörte auch häufig ein prächtiger Pferdestall. Es haben sich im Westend davon mehrere erhalten.

Der für den Geschäftsmann Marx Livingston an der Ulmenstraße 20/Ecke Kettenhofweg nach den Plänen von Christian Ludwig Schmidt errichtete Bau ist der aufwendigste der auf uns gekommenen Pferdeställe. Er enthält Boxen für Pferde, einen Stallraum aus Tuffstein und eine mit Eichenholz an Wänden und Decken getäfelte Sattelkammer. Wegen des beengten Raums hatte man einen Aufzug eingebaut, der Pferde und Kutschen in den Keller transportieren konnte.

Das Gebäude wurde später von den Rothschilds übernommen. Die Rothschilds gehörten naturgemäß zu den ersten Frankfurter Familien, die ein Telefon besaßen. Daher war es in den 1880ern kein Problem, die Kutschen zu bestellen und vorfahren zu lassen. Ein weiteres Kutscherhaus steht – verziert mit seinen Scrafitto-Malereien von Pferden – auf der Ecke Feldbergstraße/Freiherr-von-Stein-Straße. In der Niedenau haben sich an einigen Häusern ebenfalls kleine Pferdeställe erhalten.

Untergetaucht
Kühhornshof

Dornbusch, Bertramswiese

Innerhalb von Frankfurts Landwehr, in etwa auf Höhe des Alleenrings, befand sich eine größere Zahl von größeren Gutshöfen. Heute erinnern einige Straßennamen an diese landwirtschaftlichen Anlagen, die für die Versorgung der Frankfurter Bevölkerung eine große Rolle spielten. Sandhof, Riedhof, Bertramshof oder eben der Kühhornshof. Der Kühhornshof war gleichzeitig auch Teil des Verteidigungssystems der Landwehr.

Der Hof lag damit am sogenannten Dornbusch. Dieser war eine auf einen Erdwall gepflanzte Eichenhecke, deren Äste man immer wieder in den Erdboden bog, damit sich daraus Schlaufen bildeten und diese mit einer Dornenhecke durchwuchern ließ. Es entstand ein etwa sechs Meter breiter und damit undurchdringlicher natürlicher Wall.

Vom ehemals großen Gutsgelände ist heute noch der bedeutende historische Wohnturm erhalten. Er ist der letzte Wohn- und Wehrturm dieser Art in Frankfurt. Das Anwesen war mehrfach Gegenstand von Gemälden und Zeichnungen. Auch Goethe im Jahr 1775 überlieferte ein Bild des Kühhornshofs.

Nördlich des Hofes verlief hinter der Landwehr eine der meistbefahrenen Straßen des Heiligen Römischen Reiches, die „Hohe Straße". Sie war der Fernhandelsweg von Köln über Frankfurt und Leipzig bis nach Breslau. Ganz in der Nähe lag das Feldgericht, an das heute noch ein Straßenname erinnert. Das Gericht bestand aus einer steinernen Rundbank mit einem Tisch für den Richter. Hier wurden eher einfache Strafen wie Fruchtdiebstähle verurteilt. Von diesem noch vor wenigen Jahren erhaltenen Denkmal fehlt heute jede Spur.

Unterglasur
Treppenturm der Porzellanmanufaktur

78

Höchst, Am Markt 3

Am 1. März 1746 bekamen die Frankfurter Kaufleute Göltz und Clarus ein besonderes Privileg. Sie hatten zwei Wochen zuvor, am 20. Februar 1746, in Mainz um eine Genehmigung gebeten. Es ging schnell mit der Erlaubnis für Deutschlands zweite Porzellanmanufaktur in Höchst. Die Stadt gehörte seit alters her zum Erzbistum Mainz. Der Mainzer Erzbischof war daher für Höchst und für die wirtschaftliche Entwicklung von Höchst zuständig.

Bald nach der Eröffnung verließen die ersten Produkte die Manufaktur. Allerdings zuerst nicht das erwünschte Porzellan, sondern sehr feine von Adam Friedrich von Löwenfink gestaltete Stücke in Fayence. Der von Meißen kommende Löwenfink hatte bei seinem Eintritt in die Manufaktur zu viel versprochen, denn er kannte das Geheimnis der Porzellanherstellung nicht. Doch bald gelang der Brand der begehrten Ware. In Frankfurt auf der Messe und durch ein Kontor in der Neuen Kräme fand das teure Produkt seine Abnehmer. Ein Kaffeeservice kostete 60 Gulden, ein Fachwerkhaus zur gleichen Zeit 300 Gulden. Ein Tagelöhner in der Manufaktur verdiente im Jahr sechs Gulden. Die bedeutendsten Produkte der alten Manufaktur verdanken wir dem von 1768 bis 1778 tätigen Johann Peter Melchior.

Auf historischen Bildern erkennt man die Manufaktur angelehnt an die Stadtmauer am Markt. Sie wurde in einem großen Bau, dem Speicherhof, eingerichtet. Ein Teil dieses Gebäudes blieb auch nach dem Abriss des Hauptgebäudes stehen. Übrig, als letzte Zeugnisse der alten Manufaktur, sind der Renaissance-Treppenturm, zugänglich von der Gasse Wed, und der alte Keller. Heute wird Höchster Porzellan in der Palleskestraße hergestellt.

Untergrund-
bewegung
Frankfurts Kommune 1

79

Westend, Niedenau 51

Die Kreuzung Niedenau ist ein besonders schönes Beispiel für die Westend-Häuser aus der Zeit um 1890. Die Villa des Bankiers Ellisen von 1870, die Villa des Eisengroßhändlers Zickwolff von 1871, die Villa des Kaufmanns Cronhardt von 1872 und eben das Haus Niedenau 51. Diese markanten Häuser bilden die Kopfbauten an einer Straßenkreuzung, wie sich keine Zweite in Frankfurt finden lässt. Der Krieg und die fortsetzende Zerstörungswut der Bauspekulation der 1960er Jahre haben dieses Eck verschont.

Das Haus Niedenau 51 hat eine typische Geschichte im Kontrast zum gutbürgerlichen Westend. Zunächst war es, wie die nahegelegenen Adressen Zimmerweg 13, 15, 17, Niedenau 46, 57, 59, Schubertstraße 27, Siesmayerstraße 3, 6, Ulmenstraße 18, Bockenheimer Landstraße 94, 96, 111, 113, Schumannstraße 69, 71, Eppsteiner Straße 47 auch, in den 1970er Jahren eine durch unbehauste Studenten vereinnahmte Liegenschaft.

Im ersten Stock des Hauses befand sich die Frankfurter „Kommune 1", in Frankfurt einfach Wohngemeinschaft oder WG. Die WG stand für eine neue Lebensform, ein neues nicht mehr familienbestimmtes, gemeinsames Leben. Die politische Diskussion in der Küche stand meist im Vordergrund. Die Küche war Dreh- und Angelpunkt des Lebens in einer Wohngemeinschaft. Daniel Cohn-Bendit war der bekannteste Bewohner der Niedenau 51. Das Haus blieb elf Jahre lang besetzt. Heute hat es zurück zur Wurzel gefunden – also wieder elegantes Westend.

HIER STAND

DAS NEUE THEATER

LEITUNG ARTHUR HELLMER BIS 1935
MIT MAX REIMANN BIS 1919

ERBAUT 1910-1911
ZERSTÖRT 1943 DURCH BOMBENANGRIFF

Unterhaltungs-kunst

Gedenktafel Neues Theater

Bahnhofsviertel, Mainzer Landstraße 55

An der Ecke Karlstraße/Mainzer Landstraße steht ein kleines Hochhaus der Nachkriegszeit. Es gehört dem Verband der Chemischen Industrie. Unter der Arkade zur Mainzer Landstraße ist an einem Pfeiler nebenstehende Inschrift zu lesen. Hier befand sich das „Neue Theater Frankfurt". Nach der Oper Frankfurt (1888), dem städtischen Schauspiel (1902) und dem Schumanntheater (1902) passend zum „neuen" Bahnhofsviertel und dem Westend gelegen. Die Architekten Vietze und Helfrich entwarfen den Bau in den Formen des späten Jugendstils.

Das Neue Theater wurde 1911 als Privattheater von Arthur Hellmer und Max Reimann gegründet. Der Spielbetrieb begann mit Heinrich von Kleists „Der zerbrochne Krug" und Edmond Rostands „Die Romantischen". Hellmer und Reimann brachten zu über 90 Prozent zeitgenössische Autoren wie Lion Feuchtwanger, Heinrich Mann, Georg Kaiser und Frank Wedekind auf die Bühne.

Max Ophüls wirkte hier als Regisseur. Oskar Kokoschka entwarf Bühnenbilder für das Haus. Am Neuen Theater spielten Hans Albers, Theo Lingen, Marianne Hoppe, Heinrich George und Helene Weigel. Nach 1933 konnte das Theater noch einige Zeit seine Eigenständigkeit bewahren. 1935 verließ Hellmer jedoch Frankfurt und leitete bis 1938 das Theater an der Wien. Dann ging er als Jude ins Londoner Exil. 913 Neuinszenierungen in 24 Spielzeiten sind die Zahlenbilanz bis zur Zerstörung des Theaters 1944.

Unterirdisch
Der tote Autobahntunnel

Nordend, Adickesallee/Eschersheimer Landstraße

Die später als Bundesverkehrswegepläne bezeichneten Planungen der 1960er Jahre sahen viele Verkehrslinien in Westdeutschland vor. Dem motorisierten Verkehr wurde das Primat über die Stadtplanung gegeben. „Autogerecht" war ein häufig gebrauchtes Schlagwort der Verkehrsplanung im Frankfurt dieser Jahre.

Ein Bauwerk, das hieran erinnert, ist ein kurzer Tunnelstutzen, der mit dem Bau der Frankfurter U-Bahn ab 1963 an der Adickesallee gebaut wurde. Zwischen dem U-Bahntunnel und der darüber führenden Straße wurde ein Anfangsstück eines Tunnels gebaut. Dieser sollte später die Autobahnenden der A 66 am Miquelknoten mit der A 661 von Seckbach aus unterirdisch verbinden. Der Tunnel sollte sechsspurig und fast drei Kilometer lang werden. Doch dazu kam es nicht.

Kaum eine Verkehrsmaßnahme in Frankfurt erhitzte die Gemüter so wie der geplante Autotunnel durch Frankfurt. „Oben bleiben" wollten auch die Frankfurter. Das „Aktionsbündnis Moloch Autobahn" bekämpfte über viele Jahre diese Planung. An der zukünftigen Baustelle hätten über 500 Linden gefällt werden müssen, und der älteste Teil des Hauptfriedhofes wäre abgetragen worden. Das Nordend hätte sich unter dieser Maßnahme verändert.

Seit 1968 dient der Tunnelstutzen nun, in der B-Ebene der U-Bahn-Station unerkannt, als Verbindung zwischen den Zugängen zur U-Bahn im Norden und Süden und zur Unterquerung der Adickesallee und der Eschersheimer Landstraße. Erst im Bundesverkehrswegplan von 2003 ist diese Autobahnverbindung verschwunden.

Unterkommen
Das Kastenspital

Innenstadt, Meisengasse

„Du hast eine Meise", hat nichts mit dem Namen der Meisengasse zu tun. Dennoch, in der Straße befand sich, auf der Höhe des heutigen Parkhauses, das historische „Kastenspital". Die Armen und Kranken hatten hier ein Unterkommen.

Der Name des Spitals leitet sich vom Frankfurter Almosenkasten ab. Dabei handelt es sich um eine der ältesten deutschen sozialen Stiftungen. Die Zustände in dieser Einrichtung waren erschreckend. Die kranken und geistig behinderten Menschen waren in kleinen Räumen zusammengepfercht. Es war das Krankenhaus für die Armen. Heinrich Hoffmann, der von 1835 bis 1846 in dieser Armenklinik tätig war, sollte dabei zu der Überzeugung kommen, dass es in Frankfurt eine neue Psychiatrie geben solle.

Die Frankfurter Gesellschaft war allerdings von der Notwendigkeit einer neuen Einrichtung nicht überzeugt, und so gestaltete sich die Geldbeschaffung für Hoffmann schwierig. Da Hoffmann für den Erwerb des Grundstückes noch Geld fehlte, fragte er mehrmals bei dem Baron von Wiesenhütten nach. Dieser sicherte ihm sein Vermögen in seinem Testament zu. Wiesenhütten starb rechtzeitig, und so konnte Hoffmann auf dem Affensteinerfeld ein Grundstück erwerben. Das Grundstück lag im nördlichen Westend. Heute befindet sich hier der neue Standort der Frankfurter Universität. Hoffmann konnte eine Einrichtung eröffnen, die den Schritt zur modernen Psychiatrie vollzog. Hier in der Meisengasse begann also der Weg aus dem Verwahren von Menschen zur Behandlung von psychiatrischen Erkrankungen. Der bekannteste Nachfolger Hofmanns an der neuen Klinik war der unvergessene Alois Alzheimer.

Unterkunft
Die Hauptwache
als Gefängnis

Innenstadt, Hauptwache

Die Hauptwache war das Wachlokal des Frankfurter Militärs. Das friedliche Kaffeehaus der Gegenwart stammt aus dem Jahre 1730. In älteren Zeiten diente es der Stadt Frankfurt als Staatsgefängnis. Im Keller, den man „Schanzenloch" nannte, saßen die Kriminellen. Mit Ketten gefesselt mussten sie die Frankfurter Schanzen ausbessern. Prominentester Insasse des Schanzenlochs war im Sommer 1802 der berühmte Räuberhauptmann Schinderhannes.

Der erste Stock war den vornehmen Gefangenen vorbehalten. Dort wohnte 26 Jahre lang der Jurist Johann Erasmus Senckenberg (1717-1795), jüngerer Bruder des bekannten Arztes und Stifters Dr. Johann Christian Senckenberg. Beide wurden unter dem ungünstigen Einfluss ihrer Mutter zu stadtbekannten Sonderlingen.

Johann Erasmus Senckenberg studierte Jura, gelangte in den Rat der Stadt und wurde in den Reichsfreiherrnstand erhoben. Die Zahl seiner Untaten ist Legion. So vergewaltigte er seine Haushälterin. Die Alimente für das so gezeugte Kind verweigerte er. Den Rat stellte er in Schmähschriften bloß und schwärzte ihn beim Kaiser an. 1769 ließ ihn der Bürgermeister in der Hauptwache einsperren. Die Anklage lautete auf Freiheitsberaubung, Vergewaltigung, Mordversuch, Urkundenfälschung, Majestätsbeleidigung, Aufruhr, Erpressung, Diebstahl, Untreue und vieles mehr. Die Anklageschrift forderte die Todesstrafe. Doch weder Kaiser noch Rat waren bestrebt, die Machenschaften Senckenbergs gründlich aufzuklären. Er starb in der Hauptwache an Altersschwäche.

Unterprivilegierte
Obdachlos im Ostpark

84.

Ostend, Ostpark

Hier wohnte in der Silvesternacht 2008 auf 2009 der Journalist Günter Wallraff. Er spielte einen Obdachlosen. Es war ein
eisiger Abend, und Wallraff hatte wirklich Angst, so schrieb er,
zu erfrieren. Die Notunterkunft besteht aus Wohncontainern.
Sie bietet denen eine Bleibe, die woanders nicht mehr unterkommen können. In Frankfurt leben ca. 1.800 Menschen, die
als obdachlos gelten, also ohne festen Wohnsitz sind.

Was suchte der unermüdliche Undercover-Ermittler Wallraff
im Ostpark? Es ging um Erfahrungen und Material zu seinem
Fernsehfilm „Unter Null. Günter Wallraf – obdachlos durch den
Winter". Wie immer bevorzugte Wallraff den Selbstversuch. Er
sah 55 weiße Metallcontainer von 13 Quadratmetern Grund-
fläche mit Stockbetten, Schränken, Tischen und Stühlen. 140
Menschen können hier eine Bleibe finden.

Das Containerquartier liegt direkt an den Gleisen des Ost-
bahnhofs. Regelmäßig verkehren einige Regionalzüge von
und nach Hanau. Vom Ostpark selbst, eigentlich ja eine
schöne Anlage, ist nicht viel zu merken. Nach seiner Nacht im
Ostpark kam die Frankfurter Einrichtung nicht gut bei Wallraff
weg. Es sei Deutschlands drittschlimmste Obdachlosenein-
richtung, nur noch von Hannover und München getoppt. Die
Container erinnerten ihn an Käfighaltung.

Der Träger der Einrichtung ist der Verein für soziale Heimstät-
ten. Er akzeptierte Wallraffs Kritik und sann auf Besserung. Es
gab eine konstruktive Gesprächsrunde unter Mitwirkung des
Journalisten. Den Bedürfnissen der Obdachlosen wurde beim
Umbau und bei der Renovierung Rechnung getragen.

Unterputz
Fachwerkhaus

Innenstadt, Töngesgasse 37

Neben der prominenten Zeil hat sich eine schmale, für das alte Frankfurt typische Einkaufsstraße erhalten, die nicht den üblichen Trends der Frankfurter Einkaufswelt zu folgen scheint. Kleine Fachgeschäfte mit besonderen Angeboten haben sich hier erhalten.

Die Töngesgasse ist eine der seit dem Mittelalter bekannten Frankfurter Straßen. Sie entstand nach der Einfassung der Stadt mit der heute sogenannten Staufermauer um 1150 und bildete mit der Fahrgasse und dem Kornmarkt eine fast rechteckige Straßenverbindung um den Kern der Stadt. Sie gehörte zu den wichtigen Handelsstraßen des alten Frankfurt. Den Namen erhielt die Gasse durch die hier seit 1236 angesiedelten Antoniter. „Tönges" ist die Frankfurter Verkürzung des Wortes Antoniter. Im Rheinland wurde aus Antonius (dem Ordensgründer der Antoniter) Toni oder Tünnes.

Prominent und bis heute bekannt sind viele frühere Anwohner dieser Straße: Vinzenz Fettmilch, Moritz Daniel Oppenheim, Heinrich Nestle, die Brüder Senckenberg oder die Bolongaros.

Der Zweite Weltkrieg veränderte die Gasse völlig. Mit der Erweiterung der Straße nach Norden um ca. vier Meter blieb die Häuserflucht an der Südseite erhalten. Das Haus Nr. 37 ist ein noch erhaltenes, verstecktes Fachwerkhaus. Unter blauer Farbe und hinter einer Klimaanlage sind schöne Voluten an der historischen Brandmauer zu erkennen. Dieses kleine Fachwerkhaus ist wohl keine kunsthistorische Besonderheit. Doch als rares Relikt des alten Frankfurt verdient es Denkmalschutz und einen sensiblen Umgang mit seiner Substanz.

Unterrock
Bewegte Frauen

86

Bockenheim, Kiesstraße 27

Über Eck lagen zwei wunderbare Buchhandlungen der linken Szene. Die eine eher männerorientiert und die andere eher frauenorientiert. Karl-Marx-Buchhandlung in der Jordanstraße 11 und Frauenbuchladen Frankfurt in der Kiesstraße 27.

Der Frauenbuchladen entstand 1976. Zu einer Zeit, als sich in der BRD eine starke und lebendige Frauenbewegung organisierte. Er begann als Kollektiv von etwa zehn Frauen, die gleichberechtigt gleich viel arbeiten und verdienen sollten. Die Gründerinnen kamen von den undogmatischen Linken, dem Weiberrat, dem Frauenzentrum, der Sozialistischen Hochschulinitiative und den Spontis. Nicht Profiterzielung war die Absicht, sondern die Konstituierung einer dezidiert feministischen Position. Der Frauenbuchladen war in seinem Selbstverständnis ein Ort von Frauen für Frauen. Das erste Geld kam von privaten Krediten und Anleihen. Leben konnte davon keine Frau. Groß war der Diskussionsbedarf. Von fundamentaler Bedeutung war die Frage, ob ein männlicher Fuß den Buchladen betreten dürfte.

Ein Fortschritt war die Schaffung von zwei 3/4 Stellen mit 1.100,- DM Einkommen, von Frauen im Rotationsprinzip besetzt. Die Übrigen arbeiteten unentgeltlich einen Tag in der Woche. Im Sortiment überwog naturgemäß feministische und antipatriarchale Literatur. Lesungen und Diskussionen bereicherten den bis 2000 währenden Ladenalltag. Die Betreiber der Gaststätte „Albatros" haben traditionsbewusst das Frauenladen-Schild über dem Eingang erhalten.

Unterschiedlich
Wasserstandsanzeiger

87

Innenstadt, Schöne Aussicht, Kaimauer

Östlich der Alten Brücke, an den gotischen Resten der Stadtmauer, befindet sich in Sandstein gemeißelt ein historischer
Wasserstandsanzeiger. Hier steht in drei Zeilen: „Schuh Maas/
über den 0 Pund/Rheinisches Frankfurter".

Im alten Deutschland gab es regional unterschiedliche Maß-
einheiten. An strategisch oder wirtschaftlich wichtigen Stellen wurden die benachbarten Systeme nebeneinandergestellt,
damit zum Beispiel hier am Main die Schiffer wussten, mit wel-
chem Tiefgang sie ihre Boote sicher fahren konnten. Das Rhei-
nische Fußmaß betrug 313,6 mm und das Frankfurter Fußmaß
betrug 284,6 mm, sodass der Unterschied eine Bedeutung
haben konnte. Andere Fußmaße konnten bis zu 5 cm abwei-
chen.

Neben den beiden Schuhmaßen befindet sich auch eine Me-
tereinteilung. Innerhalb des Rheinbundes wurde nach 1806
das Metrische System eingeführt, welches der französische
Nationalkonvent 1793 festgesetzt hatte. Frankfurt war von
1806 bis 1813 ein von Frankreich abhängiges Staatswesen.

Auch am Frankfurter Leinwandhaus befindet sich ein historisches Maß. Die Frankfurter Elle wurde für die ab Frankfurt verkauften Stoffe zur Maßeinheit gegenüber den unterschiedli-
chen Maßen der jeweiligen Herkunftsorte. Solche öffentlichen
„Etalons" oder Standardmaße befinden sich meist vor den
alten Rathäusern. Die Einheiten wie Elle oder Fuß und deren
Bezeichnungen zueinander wurden unter praktischen Ge-
sichtspunkten entsprechend den Längenabmessungen des
menschlichen Körpers festgelegt.

Unterschlupf
Bismarcks Rache

Westend, Bockenheimer Landstraße 104

Von 1815 bis 1866 tagte die deutsche Bundesversammlung im Palais Thurn und Taxis an der Großen Eschenheimer Straße. Gesandter des Königreichs Preußen beim Deutschen Bund war der Jurist Otto von Bismarck. Die Frankfurter schätzten Preußen ebenso wenig wie seinen Gesandten.

Anfangs wohnte Bismarck im teuren Hotel „Englischer Hof" am Roßmarkt. Dann fand er eine geeignete Wohnung an der Stelle der heutigen Bockenheimer Landstraße 104 im Westend. Doch schon nach einem Jahr setzte man ihn vor die Tür. Bismarck hatte den Verdacht, jemand oder ganz Frankfurt wollte ihn ärgern. Einem mit einer Spanierin verheirateten Westfalen gefiel das Haus so sehr, dass er es für einen überhöhten Preis kaufte und selbst dort einziehen wollte. Da juristisch ein Kauf der Miete vorging, musste Bismarck das Haus schleunigst verlassen. Andere geeignete Wohnungen gab es in Frankfurt nicht, zumindest nicht für ihn. Der Winter nahte und Obdachlosigkeit drohte.

Nach wenigen Wochen fand die Familie Bismarck Unterschlupf im Haus des Seidenfabrikanten Marquard Seufferheld in der Gallusgasse 19. Einige vornehme Familien der Stadt wie Rothschild und Metzler ließen sich sogar herab, mit dem preußischen Gesandten gesellschaftlich zu verkehren. Dennoch: Bismarcks Rache war fürchterlich. 1866 eroberten die Preußen das wehrlose Frankfurt und verlangten eine Kontribution von 36 Millionen Gulden. Der verzweifelte Bürgermeister Fellner erhängte sich darob.

Unterschrieben
Das Künstlerzimmer im Europa-Palast

Innenstadt, Zeil 125

Die Zeit der großen Filmpremieren in Frankfurt ist lange vorbei. Anders war es in den Nachkriegsjahren. Kino war vor der Verbreitung des Fernsehens der Ort der Unterhaltung. In den 50er Jahren sollen bis zu 800 Millionen Kinokarten pro Jahr verkauft worden sein. In den Frankfurter Kinos trafen sich Stars und solche, die es werden wollten. Glanzvoll waren in den Frankfurter Filmtheatern die Premieren mit internationaler Besetzung.

Eine versteckte Besonderheit des Kinos ist das sogenannte „Künstlerzimmer". Häufig kamen zu diesen Anlässen die Schauspieler der jeweiligen Filme. Nach dem Film wurden die Schauspieler vor der Leinwand gefeiert. Im Europapalast gab es etwas ganz Besonderes. Schauspieler haben an die Wand eines Raumes ihre Autogramme geschrieben. So entstand das Künstlerzimmer, das erst kürzlich mit fast 100 solcher Unterschriften an den Wänden aufwendig saniert wurde.

Zu Gast waren Schauspieler wie Hildegard Knef, Curt Jürgens, Sophia Loren, Nadja Tiller, Mario Adorf, Gerd Fröbe und viele andere. Später: Florian David Fitz, Heino Ferch, Margarete von Trotta und Matthias Schweighöfer. In das Gästebuch der Besitzerin des Europapalastes, der legendären Frankfurter Filmfrau Lieselotte Jaeger, schrieb zur Uraufführung des Nitribitt-Films „Das Mädchen Rosemarie" Mario Adorf: „Ich wünsche dem Film-Mädchen Rosemarie im Europa-Palast so viel Erfolg, wie das Vorbild auf einem etwas anderem Gebiet hatte!"

Unterstand
Pavillon im Huthpark

Seckbach, Probst-Goebels-Weg

Das „Ding" war erst einmal ein rund geschwungener Unterstand gegen Regen und Duschanlage für die Schüler der Zentgrafenschule, die im Huthpark Sportunterricht hatten. Dann ein verrottetes verwahrlostes verschmiertes Etwas. Schließlich eine abrissreife Ruine mit bröckeligem Beton und tropfenden Decken. 2004 war konsequenterweise beantragt worden, dieses hässliche Betongebilde abzureißen.

Begonnen hatte das Gebäude sein Leben als Gartenpavillon im Huthpark. Er wurde 1929 nach einem Entwurf von Eugen Carl Kaufmann (1892-1984), Herbert Boehm und Eugen Blanck unter der Federführung des Stadtbaumeisters Ernst May gebaut und ist ein Kleinod der Bauhauszeit.

Hier haben wir den seltenen Fall vor uns, dass ein Unort zum Schmuckort mutieren könnte. Denn der Magistrat setzte es 2009 auf seine Agenda und bewilligte 1,2 Millionen Euro für die Sanierung, den Umbau und die künftige Umnutzung des Pavillons. Im Ergebnis wird die Rotunde komplett verglast, es entsteht ein Café mit Innenraum und Außenflächen zum Park hin sowie öffentliche Toiletten im Untergeschoss, wo sich auch der Parkbesucher erleichtern darf.

Damit bekommt der 1910 bis 1913 angelegte Huthpark ein wahres Kleinod zurück. Der Huthpark am Hang oberhalb von Seckbach dient seit 1962 auch den Patienten der Berufsgenossenschaftlichen Unfallklinik zur Rekonvaleszenz. Der Rettungshubschrauber „Christoph 2" ist hier zu Hause. Daher ist das Steigenlassen von Drachen im Park verboten.

Untersucht

Ehemaliges Polizei-gefängnis

Innenstadt, Klapperfeldstraße 5

Kaum ein Verhafteter kann nicht stolz darauf sein, zwischen 1886 und 2001 im Polizeigefängnis in der Klapperfeldstraße gewesen zu sein. Früheste Polizeikerker waren die alten Stadt-mauertürme, genutzt als „Untersuchungsgefängnisse". Spä-ter kamen der Katharinenkirchturm und der Keller der Haupt-wache hinzu.

Frankfurts altes „Polizeipräsidium" war der sogenannte „Cle-sernhof" hinter dem Römer. Das dem Clesernhof folgende Frankfurter Polizeipräsidium an der Ostzeil wurde 1888 fertig-gestellt. Das Untersuchungsgefängnis gehörte zum neuen Komplex der Frankfurter Justiz, der für die Frankfurter das Symbol des Preußischen Justizsystems wurde. Hier saßen die Redakteure der Frankfurter Zeitung, einer Gründung Leopold Sonnemanns. Der politische Publizist Friedrich Stoltze (1819-1891) feierte sie dafür, da sie der preußischen Zensur trotzten.

Eingesessen haben hier alle. Heinz Pohlmann für elf Monate, um dann nicht wegen Mordes an Rosemarie Nitribitt verurteilt zu werden. Die Kaufhausbrandstifter Gudrun Ensslin und An-dreas Baader. Spekulanten ebenso wie schwere Jungs und leichte Mädchen.

Heute wird das ehemalige Polizeigefängnis von den Gruppen „Initiative Klapperfeld" und „Faites Votre Jeu!" genutzt. Sie erinnern hier an die Geschichte des Hauses mit Ausstellungen und Veranstaltungen. Vor allem an die Unrechtsjahre des Drit-ten Reichs mit Untersuchungshäftlingen aus rassistischen, se-xuellen oder politischen Gründen.

Unterwasser
Wo der Kettenhof war

92.

Westend, Kettenhofweg

Scheinbar ohne Plan liegt eine zu groß geratene Straßenkreuzung da. Kettenhofweg und Arndtstraße kreuzen sich, die Corneliusstraße beginnt hier. Ein Blick auf den Ravenstein'schen Stadtplan von 1861 klärt auf. Etwa auf der Mitte der Kreuzung nach Westen begann das Gelände des „Großen Kettenhofs". Der Kettenhof war mit seinem kleineren Bruder, dem „Kleinen Kettenhof", etwa an der Ecke Arndtstraße/Westendstraße liegend, einer der vielen Gutshöfe, die das alte Frankfurt versorgten. Historische Fotografien zeigen das Gehöft mit großen Wiesen, mehreren Seen und einer Brücke, die zu einem Wohnturm inmitten eines Wassergrabens führt. Das Westend war von vielen Bachläufen und Seen durchzogen, die erst im Laufe des 19. Jahrhunderts trockengelegt wurden. Bei manchen Baumaßnahmen stößt man hier auf stark riechende, morastige Untergründe.

Den Namen bekam der Kettenhof im 16. Jahrhundert. Als der erste nachweisbare Besitzer wurde Johann Koet 1560 in einer Ratsurkunde erwähnt. Aus dem Namen "Koet" leitet sich der Name „Kettenhöfe" ab. Die Frankfurter haben gern einen Namen verändert oder verballhornt. Siehe Affentor oder Galluswarte. Zum Ende des 19. Jahrhunderts wurde der Kettenhof abgerissen und die Bebauung des heutigen Westends darüber gelegt.

In literarischen Zeugnissen taucht dieses Stück Frankfurt mehrfach auf. So bei Maria Sibylla Merian (1647-1717), die hier ihre Insektenbeobachtungen beschreibt. Auch bei Jakob Wassermann. Wassermann verlegt in seinem bekannten Roman „Der Fall Maurizius" (1928) einige Szenen auf das Eck Kettenhofweg und Lindenstraße. Das Buch wurde 1953 verfilmt.

Unterweilen

Das Krönungslager von 1790

Bergen, Friedberger Landstraße/Umspannwerk

Eigentlich ein schöner Ort zum Unterweilen. Im Westen liegt Frankfurt, dessen Hochhäuser aus den Feldern ragen. Gegen Nordwesten erlebt der hier Rastende einen schönen Sonnenuntergang über dem Taunus. Im Rücken befindet sich ein dichter Maschendrahtzaun, und dahinter summt der Strom eines großen, elektrischen Umschaltwerks. Auf dieser Ecke steht ein bemerkenswertes, historisches Monument.

Die Goldene Bulle bestimmte Frankfurt zum Wahlort der deutschen Kaiser. Während des Wahlvorgangs hatte der Kandidat vor der Stadt auszuharren und durfte sie erst zur Krönung betreten. Einziger Kandidat der Kaiserwahl von 1790 war Großherzog Pietro Leopoldo von der Toskana, zweitältester Sohn Maria Theresias, ein kluger und aufgeklärter Regent. Er, der spätere Kaiser Leopold II., musste hier ausharren.

Dafür machte ihm sein Gastgeber das Leben leicht. Landgraf Wilhelm IX. von Hessen-Kassel sicherte den Platz mit einem Heer von 6.000 Soldaten. Nach der Krönungszeremonie lud der Kaiser hier den Landgrafen mit 126 weiteren Personen zum Essen im Zeltlager ein, mit extra besorgten türkischen Zelten.

Stolz auf seine Rolle als Gastgeber und Beschützer des Kaisers, ließ Landgraf Wilhelm IX. an der Stelle des Krönungslagers eine abgebrochene Basaltsäule an dieser Stelle errichten. Oben trägt sie Waffen und das hessische Wappen, darunter beschreibt eine lateinische Inschrift ausführlich jene Begebenheit vom Herbst 1790.

ANNO DOMINI 1914

GALERIE VON MILLER

Unverändert
Betonbau von 1914

94

Innenstadt, Braubachstraße 33

Gelb und Braun sind nicht die Farben von Beton. Deshalb ist es für viele erstaunlich, dass sich hinter dem Anstrich der Fassade der Braubachstraße 33 einer der frühen Betonbauten Frankfurts von 1914 befindet. Schaut man sich allerdings die Struktur der Fensterlaibungen und andere Details an, dann wird schnell klar, dass es sich hier nicht um Naturstein handelt, sondern um eines der ersten Wohnhäuser aus Beton.

Das Material war zwar schon seit der Antike (Pantheon) in Gebrauch, aber erst in jenen Jahren war die technische Entwicklung des Materials und vor allem der Festigkeit soweit fortgeschritten, dass es in großem Maße verbaut werden konnte. Lediglich die vier Figuren der zwei Balkons, sogenannte Karyatiden, sind aus Werkstein. Die Fassade wurde vom Architekten Hermann Senf (1878-1979) im Stil des Art déco gestaltet. Dieser hatte schon als Student den Wettbewerb um die Neugestaltung der Frankfurter Altstadt gewonnen. Zusammen mit Clemens Musch und Franz Roeckle entwarf er auch die Häuser Braubachstraße 10, 12, 14, 15 und 16.

Die Straße wurde als Verkehrserschließungsmaßnahme 1904 unter großem Protest der Bevölkerung angelegt. Es wurden hierfür 156 Fachwerkhäuser abgerissen. Die historisierende Architektur in der Braubachstraße ist der Versuch, an manche Elemente der Altstadtbebauung anzuknüpfen. Im Parterre des Hauses befindet sich der Durchgang des Nürnbergerhofs aus den Jahren um 1410. Gerade dieses Haus von 1914 hätte unverändert eine betongraue Fassade verdient, um an diesen frühen Bau mit dem innovativen Material zu erinnern.

Unverbindlich
Wilhelm Busch als Hausfreund

Westend, Bockenheimer Landstraße 62

Der Bankier Johann Daniel Kessler, wohnhaft in der Bockenheimer Landstraße 62, war ein vielbeschäftigter Mann. Für Kunst und Musik hatte er wenig Zeit. Doch waren Haus und Garten sehr geeignet, größere künstlerische Gesellschaften zu geben. Das war Sache seiner Ehefrau Johanna. Sie sang selbst, besuchte Konzerte, sammelte Gemälde und unternahm Kunstreisen.

Als Hauslehrer für die acht Kinder der Bankiersfamilie wirkte Dr. Otto Busch. Dieser lud 1867 seinen Bruder, den Maler und Zeichner Wilhelm Busch, nach Frankfurt ein. Der junge Künstler und die Dame des Hauses fanden Gefallen aneinander. Wilhelm Busch siedelte nach Frankfurt über. Seine Wohnung bezog er im Kutscherhaus des Kessler'schen Parks und mietete sich ein Atelier im Kettenhofweg 44a. Über Anton Burger trat er in Verbindung zu den Künstlern der Kronberger Malerschule. Die Villa Kessler wurde in einem Bild der „Frommen Helene" bildlich dargestellt, so vermutet man.

Wilhelm Busch wohnte nur die drei Jahre im Westend. Dann verließ er die Stadt. Kurze Besuche und lange Briefe hielten den Kontakt zu Johanna Kessler aufrecht. Nach dem Tod ihres Gatten 1891 besuchte sie ihn in Wiedensahl, und der Maler machte umgehend einen Gegenbesuch in Frankfurt. Doch die Beziehung blieb unverbindlich. Eine Heirat, die jetzt möglich gewesen wäre, lehnte der fanatische Junggeselle, starke Raucher und Freund des Alkohols ab. Doch die Besuche wurden fortgesetzt, bis kurz vor seinem Tod im Januar 1906.

Unvergänglich
„La dame de Francfort"

Innenstadt, Hochstraße 24

2010 fand in Frankfurt eine große Ausstellung über den französischen Maler Gustave Courbet statt. Zwei Bilder taten es den Frankfurtern besonders an. Eine Ansicht der Mainsilhouette und ein 1859 entstandenes weibliches Bildnis, die „Dame de Francfort". Das Motiv am Main und der Ort seines Entstehens sind beim ersten Bild leicht zu entschlüsseln. Anders verhält es sich bei dem zweiten Bild. Es zeigt eine Dame von unvergänglicher Eleganz auf einer von Bäumen umgebenen Terrasse. Im Hintergrund sind die Ausläufer des Taunus und ein kleiner Pavillon zu erkennen. Um all dies zu erfassen, ist eine Rundreise nötig.

Zuerst zum Bild, jetzt wieder im Kölner Wallraf-Richartz-Museum. Dann in den Palmengarten, wo die heutige Villa Leonhardi steht. Dann in die Hochstraße 24, den Ort, an dem Courbet das Motiv fand und es später in seinem Atelier im Kettenhofweg malte. Das Haus in der Hochstraße 24, am höchstgelegenen Punkt der aufgeschütteten Frankfurter Wallstraßen, ist längst verschwunden. Dahinter befand sich die Terrasse, auf der die geheimnisvolle Schöne gemalt wurde. Heute befindet sich auf diesem Areal das ehemalige Stadtbad Mitte und ein großes Hotel.

Nachdem die Frankfurter Stadtbefestigung niedergelegt wurde, entstanden auf der Fläche entlang der Ringstraßen elegante Wohnhäuser im Stil des Klassizismus. Dahinter verpachtete die Stadt die Grundstücke für 99 Jahre, die so zu herrschaftlichen Gärten wurden. Das Nebbien'sche Gartenhaus ist ein Zeugnis dieser frühen Jahre. Diesem besonderen Frankfurter Ort widmete sich in akribischer Arbeit Alfred Andreae von Neufville.

Unverhüllt

Der erste Frankfurter Schwule

Innenstadt, Große Eschenheimer Straße

Der Frankfurter Sexualwissenschaftler Volkmar Sigusch bezeichnete den 1826 in Aurich geborenen Juristen Karl Heinrich Ulrichs als den „ersten deutschen Schwulen." Sigusch tat dies in Anerkennung an den sich für die Rechte seiner Gruppe einsetzenden Kämpfers.

1849 kam Ulrichs nach Frankfurt. Hier tagte seit 1848 das erste deutsche, demokratisch gewählte Parlament. Ulrichs war zwar nicht Parlamentarier, nahm aber an vielen Diskussionen im Umfeld der Paulskirche teil. Im Oktober 1859 ließ er sich in Frankfurt wohnlich nieder. Er lebte u.a. in der Friedberger Straße 30 (heute: Friedberger Landstraße). Er arbeitete als Sekretär in den Diensten des beim Deutschen Bund tätigen Abgeordneten Justin von Lindes. Der Bund hatte seinen Sitz im Palais Thurn und Taxis, wo Ulrichs sein vielschichtiges, politisches Talent nutzen konnte.

1860 trat er in den Freien Deutschen Hochstift ein. Sogleich legte er sich mit dessen Gründer und Leiter Otto Volger an. Ulrichs ergriff in den Versammlungen des Stifts häufig das Wort. In diesen Jahren entstanden auch die ersten Veröffentlichungen zur Uranischen Liebe, in denen Ulrichs sich unverhüllt mit „dem Rätsel der mannmännlichen Liebe" zu befassen begann. Ulrichs wurde 1864 wegen gegen ihn laufender „crimineller Verfolgung" aus dem Hochstift ausgeschlossen. Ulrichs schrieb allerdings weiter gegen das Unrecht an. Erst 1880 ging er, politisch demotiviert, wie viele schwule Männer, nach Italien. Hier hofften sie, ein liberaleres Klima anzutreffen. Ulrichs verbrachte seine letzten Lebensjahre mit Literaturstudien. Er starb am 14. Juli 1895 um 5 Uhr nachmittags in Aquila.

Unvermählt
Der Nebelfürst

98

Nordend, Grüneburgweg 95

Der Nebelfürst liegt auf dem Frankfurter Hauptfriedhof begraben. Der bürgerliche Name des Nebelfürsten ist Theodor Lerner (1866-1931). Auf dem Grabstein lesen wir seine Passion: „Polarfahrer". Lerners Leben stand im Banne der Arktis.

Geboren in Antweiler an der Ahr und aufgewachsen in Linz am Rhein, fuhr er nach abgebrochenem Studium zur See. Er arbeitete als Zahlmeister, Tellerwäscher, Flaschenreiniger, Kohlentrimmer, Brauerei-Vertreter und Journalist. Als solcher wohnte er 1896 und 1897 den versuchten Ballonüberquerungen des Nordpols durch den Schweden Salomon Andrée bei. Mehrfach kam er zurück nach Spitzbergen.

Er führte wissenschaftliche Expeditionen durch, engagierte sich für den Tourismus im Polarmeer und erforschte Kohlenflöze. Weil er diese mit der Waffe verteidigte und unbewohntes Land der Bäreninsel einzäunte, nannten ihn die Norweger „Nebelfürst". Ein Kreuzfahrtdampfer führte im Sommer 1908 die Frankfurterin Lydia Stoltze in den Norden. Beide verlobten sich unter dem 80. Breitengrad. Zurück in Frankfurt war Adolf Stoltze, der Schwiegervater in spe, skeptisch. Doch Lydia sagte: „Der un kein annerer!" Das Paar vermählte sich, bekam eine Tochter namens Louise und wohnte am Ende im Grüneburgweg 95.

Eine zweite Karriere machte Lerner als literarischer Held. Auf der Basis eines Aktenbündels schrieb Martin Mosebach den erfolgreichen Roman „Der Nebelfürst". Diese Akten sind heute im Deutschen Literaturmuseum zu Marbach ausgestellt.

Unwetter
Das Magdalenen-
hochwasser

Innenstadt, Mainkai, Eiserner Steg

Das letzte große Hochwasser im Bewusstsein der Zeitgenossen war im Jahr 1995. An der tiefsten Stelle der Innenstadt, dem Fahrtor am Historischen Museum, drang das Wasser vor bis weit auf den Platz vor dem Römer. Am Magdalenentag, dem 22. Juli 1342, stand das Wasser 2,40 m höher als 1995. Die gesamte Altstadt Frankfurts stand unter Wasser. Im Dom stand einem Mann das Wasser bis zum Gürtel. Es handelt sich um den höchsten jemals gemessenen Pegel des Mains. Diese Hochwassermarkierung ist auf der Nordseite des Eisernen Stegs vermerkt.

Die Gläubigen betrachteten das Mainhochwasser als Strafe Gottes für ihre Sünden. Daher unternahmen sie seit 1342 jährlich am Magdalenentag eine Bußprozession vom Main zur Klosterkirche der Magdalenerinnen, dem Orden der Weißfrauen. Bei einer Strecke von 600 m Fußweg waren die Leiden der Buße noch einigermaßen gut zu ertragen. In der Weißfrauenkirche wurde ebenfalls eine Markierung angebracht, die den Wasserstand von sieben Schuh Höhe anzeigte. Diese Inschrift befindet sich heute im Historischen Museum Frankfurt.

Naturgemäß beschränkte sich das Magdalenenhochwasser nicht auf Frankfurt, vielmehr handelt es sich um die größte Hochwasserkatastrophe des zweiten Jahrtausends. Ganz Mitteleuropa war betroffen. Nach einer Hitzewelle waren die Böden ausgetrocknet, und vom 19. bis 22. Juli regnete es dann ohne Unterlass. Im Donaugebiet starben 6.000 Menschen. In Würzburg und Bamberg rissen die Gewässer steinerne Brücken ein. Nach Auffassung der Zeitgenossen war es die größte Regenflut seit Noah.

Unzählig
Das Pfennig-Denkmal

100.

Innenstadt, Taunusanlage

Der Anlass für dieses Denkmal ist ein Trauerfall. Die Mark ist tot. Mit ihr starb ihr kleiner Bruder, der Pfennig. Beide Nominale hauchten am 31. 12. 2001 exakt um Mitternacht ihr Leben aus. Unzählige Exemplare teilten ihr Schicksal. Sie wurden eingezogen, verwalzt und als Altmetall weiterverarbeitet. Zeitgleich kroch am Willy-Brandt-Platz, dem Sitz der Europäischen Zentralbank, der Euro aus dem Ei. Er ist inzwischen im jugendlichen Alter und erfreut sich passabler Gesundheit.

Dem stolzen Pfennig gebührt zum Dank ein Denkmal, sagte der Universalkünstler Vollrad Kutscher. Ein Ort musste nicht lange gesucht werden. In der Taunusanlage, im Schatten des Pfennig-Denkmals, stehen die Türme der Deutschen Bank. Schräg daneben ist die Geburtsstätte des Pfennigs am alten Sitz der Bundesbank.

Die Einweihung des Pfennig-Denkmals ging naturgemäß am 1. 1. 2002 vonstatten. Zum Gedenken an dieses Ereignis findet jeden 1. Januar um 15 Uhr eine Performance am Denkmal statt. Zu diesem Anlass wird in die Mitte des Denkmals Spiritus gefüllt und angezündet. Die Gedenkflamme für den Pfennig währt zwar nur 10 Minuten, dies aber Jahrhunderte lang in der Zukunft.

Das Monument besteht aus einer 9,8 x 9,8 x 1,5 cm großen Bronzetafel. Sie ruht liegend zwischen Pflastersteinen. 24 eingelassene Pfennige bilden auf diesem Quadrat einen Kreis von 10 cm Durchmesser. In der Mitte ist die pfenniggroße Vertiefung zur Aufnahme des Brennstoffs. Der umlaufende Schriftzug lautet: „Denkmal der Gesellschaft zur Verwertung und Erhaltung der Pfennigidee". Die nummerierte Auflage ist „1", die Datierung „2002", der Schöpfer „KUTSCHER".

Unzierde
Das Nest der Eintracht

Bahnhofsviertel, Düsseldorfer Straße/Ecke Niddastraße

Urzelle der Eintracht Frankfurt und ältester Vorläufer des Traditionsclubs war der „Frankfurter Fußball-Club Victoria". Die 15 Gründungsmitglieder, alles Männer naturgemäß, trafen sich am 9. März 1899 in der Gaststätte in der Hohenzollernstraße 14/ Ecke Niddastraße am Hauptbahnhof. Heute kein Ort der Zierde, eher ein hässlicher Winkel. Gegenüber auf der Hohenzollernstraße stand damals das große Panorama. Die Fünfzehn setzten den Mitgliedsbeitrag fest, eine Mark im Monat, und die Spielfarben, schwarz-weiß-rot. Roter Blouson, weißer Gürtel und schwarze Hose. Die Farben der Eintracht standen damit fest. Zum Vereinslokal wurde das „Schlesinger Eck" in der Großen Gallusgasse 2a auserkoren. Hier trafen sich die Mitglieder und Spieler der Victoria jeden Donnerstag.

Als Sportplatz diente die Hundswiese, eine Freifläche in der Nordwestecke der heutigen Kreuzung Miquelallee/Eschersheimer Landstraße. Als Umkleideraum wurde eine Scheune der Milchkuranstalt Taunusblick, Eschersheimer Landstraße 237, angemietet. Im Frühjahr wurde auf dem Griesheimer Exerzierplatz gespielt, damit das Gras der Hundswiese nachwachsen konnte. Denn die Hundswiese wurde auch von anderen Vereinen bespielt.

Im ersten Spiel der Victoria am 19. März 1899 gelang ein 4:1-Sieg über den F.C. Bockenheim. Im Januar 1900 gehörte die Victoria zu den 86 Fußballvereinen, die in Leipzig den „Deutschen Fußball-Bund" (DFB) gründeten. 1911 fusionierte der FFC Victoria mit den Frankfurter Kickers zum „Frankfurter Fußball-Verein" und dieser 1920 mit der Frankfurter Turngemeinde von 1861 zur „Frankfurter Turn- und Sportgemeinde Eintracht von 1861". Damit war der Name „Eintracht Frankfurt" in der Welt.

Unzüchtig
Frauenfigur von
Fritz Klimsch

Westend, IG-Farben Haus

„Not for my boys", so wird wohl Frau Eisenhower gesagt haben, als sie ihren Mann, Dwight „Ike" David Eisenhower 1945 im IG-Farbenhaus besucht hat. Sie sah die Skulptur einer nackten Frau, die sich über einem Wasserbecken hinter dem IG-Farben Gebäude in der Sonne rekelte. Nach Kriegsende 1945 war General Eisenhower Oberbefehlshaber der amerikanischen Besatzungstruppen in Deutschland. Er übernahm das Amt des Militärgouverneurs der amerikanischen Besatzungszone und bezog sein Hauptquartier in Frankfurt.

Das nackte, „unzüchtige" Mädchen musste den Park verlassen. In Höchst auf dem Gelände der Farbwerke überwinterte das frierende Mädchen für Jahrzehnte. Erst 2002 kam die Dame wieder auf ihren alten Sockel zurück.

Der Künstler Fritz Klimsch wurde 1870 in Frankfurt als Spross einer Künstlerfamilie geboren. Klimsch gründete mit Walter Leistikow und Max Liebermann 1898 die Berliner Sezession. Nach 1933 avancierte er zu einem der angesehensten Künstler des Dritten Reichs. Klimsch starb 1960.

Ähnlich empört wie die amerikanisch-prüde Mrs. Eisenhower war auch die Witwe des ehemaligen amerikanischen Außenministers George Marshall (1888-1959). Im Jahre 1963, anlässlich der Einweihung eines Brunnens zu Ehren ihres Mannes in der Taunusanlage, erspähte sie die baren Busen der Figuren des Münchner Bildhauers Toni Stadler. Mrs. Marschall wollte die Feierlichkeiten sofort abbrechen. Sie fand das Kunstwerk „unzüchtig" und ihres geliebten Mannes nicht würdig.

Literatur

[1] Günter Grau, Homosexualität in der NS-Zeit. Fischer-Taschenbuch

Focus Nr. 1, 1996

Frankfurter Allgemeine Zeitung, diverse Beiträge

Frankfurter Neue Presse, diverse Beiträge

Frankfurter Rundschau, diverse Beiträge

Physik Journal Nr. 8, 2009

Der Spiegel Nr. 17, 1994

Barr, Helen/ May, Ulrike/ Welsen, Rahel, Das Neue Frankfurt. Spaziergänge durch die Siedlungen Ernst Mays und die Architektur seiner Zeit, Frankfurt 2007.

Berger, Frank, Glaube Macht Kunst. Antwerpen – Frankfurt um 1600, Frankfurt 2005.

Berger, Frank/ Setzepfandt, Christian, 101 Unorte in Frankfurt, Frankfurt 2011.

Bothe, Friedrich, Geschichte der Stadt Frankfurt am Main, Frankfurt 1929.

Braunholz, Peter/ Boerdner, Britta/ Setzepfandt, Christian, Der Frankfurter Hauptfriedhof, Frankfurt 2009.

Denkmalpflege und Denkmalschutz in Frankfurt am Main, hg. vom Denkmalamt der Stadt Frankfurt am Main, Redaktion Volker Rödel, Calbe 2004.

Derreth, Otto, Gärten im Alten Frankfurt, Frankfurt 1976

Eichstaedt, Andreas, Rabatz oder Rebellion?, Frankfurt 2011.

Gerteis, Walter, Das unbekannte Frankfurt, Drei Bände, Frankfurt 1961-1965.

Kickhefel, Fred, Frankfurter Geschichte(n), Gudensberg-Gleichen 2006.

Klötzer, Wolfgang (Hg.) Frankfurter Biographie, 2 Bände, Frankfurt 1994.

Lübbecke, Fried, Das Antlitz der Stadt, Frankfurt 1952

Mayenschein, Hermann/ Uhlig, Michael, Zwischen Sandhof und Mainfeld, Frankfurt 1987.

Pülm, Wolfgang, Als die Festungswälle geschleift wurden: Westend, Nordend, Ostend, Frankfurt 2003.

Risse, Heike, Frühe Moderne in Frankfurt. 1920-1933, Frankfurt 1984.

Rochelmayer, Folker, Seckbach und Umgebung, Frankfurt 1972.

Rödel, Volker, Industrie in Frankfurt am Main, o.J.

Rödel, Volker, Ingenieurkunst in Frankfurt am Main 1806-1914, Frankfurt 1983,

Rückerl, Adalbert, Die Strafverfolgung von NS-Verbrechen 1945-1978. Eine Dokumentation, Heidelberg/ Karlsruhe 1979.

Schauroth, Helene von, Lina von Schauroth. Eine Frankfurter Künstlerin, Frankfurt 1984.

Setzepfandt, Christian, Architekturführer Frankfurt am Main, Berlin 2002.

Wissenbach, Björn, Mauern zu Gärten, Frankfurt 2010.

Wolff, Carl/ Jung, Rudolf/ Hülsen, Julius, Die Baudenkmäler in Frankfurt am Main, 3 Bände, Frankfurt 1896-1914.

www.kunst-im-oeffentlichen-raum-frankfurt.de

Die Autoren

Frank Berger, Jahrgang 1957, studierte Geschichte, Germanistik und Archäologie. Seit 1985 Kurator am Kestner-Museum in Hannover und seit 1997 am Historischen Museum Frankfurt. Von ihm sind Veröffentlichungen zur Numismatik, Polarforschung und Regionalgeschichte erschienen.

Christian Setzepfandt, geboren 1957 in Frankfurt, ist studierter Kunsthistoriker und organisiert seit 30 Jahren Führungen in und um Frankfurt. Er arbeitet als Moderator und ist Autor der Bücher „Geheimnisvolles Frankfurt am Main", „Architekturführer Frankfurt am Main", „Frankfurt ArchitekTour" und „Der Frankfurter Hauptfriedhof".